100 SACHEN, DIE GESCHICHTE MACHTEN

Von der Bronzeaxt bis zum Roboter

Dr. Patrick Henßler

arsEdition

Inhaltsverzeichnis

Vor- und Frühgeschichte

Antike

Mittelalter

Frühe Neuzeit

Moderne: 19. Jahrhundert

Moderne: 20. und 21. Jahrhundert

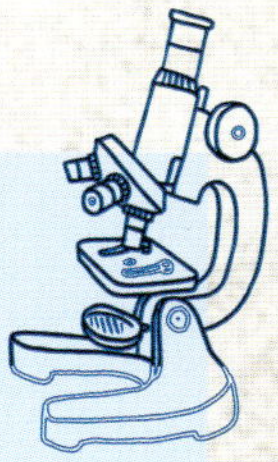

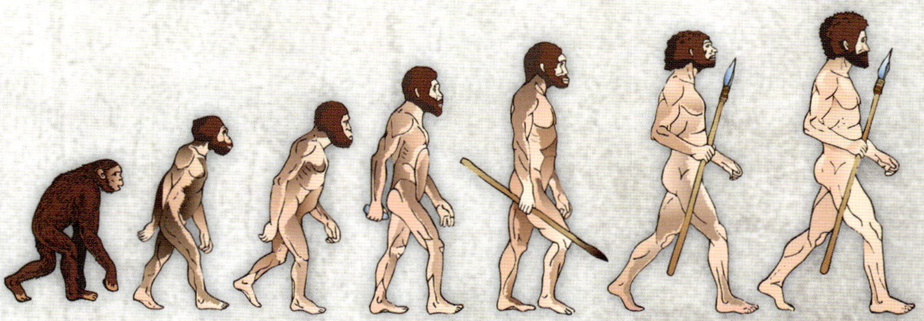

Die Dinosaurier

Die Zähne eines Tyrannosaurus Rex konnten bis zu 40 cm lang werden.

Triceratopsschädel

Der Triceratops – das »Dreihorngesicht« – war ein Dinosaurier, der vor etwa 70 bis 66 Millionen Jahren auf der Erde lebte. Wie der Name schon sagt, hatte er drei Hörner: eines auf der Nase und zwei auf der Stirn. Hinzu kam noch ein knöchernes Nackenschild. Die Hörner dienten sehr wahrscheinlich der Verteidigung, er jagte nicht, sondern war Pflanzenfresser. Sein Maul war wie ein Schnabel geformt. So konnte er leichter Blätter von Ästen knabbern. Der Triceratops war bis zu 9 Meter lang und etwa 9 Tonnen schwer. Er lebte wahrscheinlich als Herdentier im heutigen Nordamerika.

Tiere der Urzeit

Dinosaurier lebten vor etwa 235 Millionen Jahren bis ca. 66 Millionen Jahren. Unser Wissen über sie verdanken wir fossilen Funden, d. h. versteinerten Skeletten oder einzelnen Knochen im Boden. Diese gibt es auf allen Kontinenten. Die ersten Dinosaurier waren wohl Fleischfresser auf zwei Beinen. Die Pflanzenfresser entwickelten sich später. Die meisten Saurier schlüpften aus Eiern und lebten vorwiegend auf dem Land. Gegenüber anderen Reptilien hatten die Dinos den Vorteil, dass sich ihre Beine unter dem Körper befanden (nicht seitlich wie z. B. bei Krokodilen). So konnten sie schneller und länger laufen.

Der Untergang der Dinos

Wahrscheinlich starben die Dinosaurier aufgrund eines Meteoriteneinschlags vor etwa 66 Millionen Jahren in Mexiko aus. Die Staubentwicklung nach dem Aufschlag zusammen mit vielen Vulkanausbrüchen verdunkelte den Himmel. Es wurde kälter. Pflanzen konnten nicht mehr wachsen und starben. Die Pflanzenfresser unter den Sauriern verhungerten und damit auch die Fleischfresser.

Anhand von Pflanzen-Fossilien kann man erkennen, was auf dem Speiseplan von Pflanzenfressern stand.

Was man über die Dinosaurier noch wissen muss:

- Die Dinosaurier entwickelten sich auf dem Superkontinent Pangäa. Zu dieser Zeit gab es noch nicht die heutigen einzelnen Kontinente, sondern nur eine zusammenhängende Landmasse. Das erklärt auch, warum man die Fossilien bestimmter Saurier überall finden kann.
- Nicht alle Dinosaurier sind ausgestorben. Die Vögel stammen sehr wahrscheinlich von bestimmten Saurierarten ab.
- Menschen und Dinosaurier sind sich niemals begegnet. Zwischen ihren Lebensphasen liegen viele Millionen Jahre.

Die Entstehung des Menschen

Der Schädel des Cromagnonmenschen

Der Cromagnonmensch – benannt nach dem Fundort der Fossilien (also seiner Überreste) – wanderte vor etwa 40 000 Jahren in Europa ein. Bei ihm handelte es sich bereits um den modernen Menschen (Homo sapiens), wie wir ihn heute kennen. Er hatte sich vor etwa 120 000 Jahren in Ostafrika entwickelt und von dort aus begonnen, die Erde zu besiedeln.

Der erste Mensch

Die Entwicklung des modernen Menschen hat Millionen von Jahren gedauert und ist keineswegs geradlinig verlaufen. Es brauchte viele Zwischenstufen, bis der moderne Mensch entstanden war. Vor etwa 5 bis 4 Millionen Jahren entwickelten sich sogenannte Vormenschen in Afrika. Aus diesen Vormenschen entstand vor etwa 2 Millionen Jahren der Homo habilis, was »geschickter Mensch« bedeutet. Er gilt als Urmensch, aus dem dann wiederum andere menschliche Entwicklungsstufen hervorgingen. Immer wieder kam es dabei vor, dass verschiedene Entwicklungsstufen des Menschen gleichzeitig lebten und sich begegneten.

Ein bedeutsamer Entwicklungsschritt war der Homo erectus, der aufrecht gehende Mensch. Wahrscheinlich war er der erste, der das Feuer gezielt nutzen konnte und auf die Jagd ging. Aus ihm entwickelte sich der moderne Mensch, aber auch der Neandertaler, benannt nach einem Fundort in der Nähe von Düsseldorf. Dieser besiedelte vor etwa 150 000 Jahren Europa, starb jedoch vor etwa 30 000 Jahren aus. Der moderne Mensch war überlebensfähiger und setzte sich im Laufe der Zeit durch.

Feuerstein diente zum Feuermachen, aber auch zur Herstellung von Werkzeugen und Waffen.

Was man über die Entstehungsgeschichte des Menschen noch wissen muss:

- Der Mensch stammt nicht vom Affen ab. Es gibt eine genetische Verwandtschaft. Beide haben aber nur gemeinsame Vorfahren.
- Der aufrechte Gang des Homo erectus und seiner Nachfolger hatte viele Vorteile. So konnte er seine Umwelt besser überblicken und damit Gefahren früher erkennen. Zudem musste er die Hände nicht mehr zur Fortbewegung benutzen. Er hatte die Hände frei und konnte sie nun dauerhaft zum Greifen von Gegenständen, Werkzeugen und Waffen verwenden.
- Entscheidend für den Siegeszug des Menschen war sein Gehirn. Die enorme Größe im Vergleich zu vielen Tieren machte es ihm möglich, strategisch zu denken und vorausschauend zu handeln. Damit war er allen anderen Lebewesen deutlich überlegen.

Pfeilspitze aus Feuerstein

Die Steinzeit

Steinzeitmensch

Faustkeil

Der Faustkeil war das Allzweckwerkzeug der Steinzeit. Er ist damit das älteste bekannte Werkzeug der Menschheit. Der Faustkeil war ein zweiseitig bearbeitetes Steingerät, das man zum Hacken, Schaben, Schlagen und Schneiden verwenden konnte. Um ihn gut in der Hand halten zu können, war der obere Teil des Keils stumpf und unbearbeitet. Der verwendete Stein musste hart und widerstandsfähig sein. Gleichzeitig musste man ihn aber auch gut bearbeiten können. Die meisten Faustkeile wurden aus Feuerstein oder Quarzit hergestellt. Bei Ausgrabungen finden Archäologen immer wieder Faustkeile aus der Steinzeit.

Der Beginn einer langen Epoche

Die Steinzeit begann in Afrika vor etwa 2,5 Millionen Jahren mit dem erstmaligen Gebrauch von Steinwerkzeugen durch Vorfahren des heutigen Menschen. Die Steinzeit wird grob in Altsteinzeit und Jungsteinzeit unterschieden. Die Altsteinzeit ist die längste Epoche der Menschheitsgeschichte. Sie wurde in Mitteleuropa ab etwa 11 500 v. Chr. von der Jungsteinzeit abgelöst. In der Jungsteinzeit begannen die Jäger und Sammler, sesshaft zu werden. Der beginnende Ackerbau brachte eine Änderung der Lebensweise mit sich. Die Steinzeit endete, als es möglich wurde, Werkzeuge und Waffen aus Metallen herzustellen. Es begann die Metallzeit.

Das Leben in der Steinzeit

In der Steinzeit lebten die Menschen in Gruppen von 20 bis 30 Personen zusammen. Sie waren Jäger und Sammler ohne festen Wohnsitz. Als Unterkunft dienten Höhlen und einfache Hütten, die bei Regen und Schnee Schutz bieten sollten. Die Menschen der Steinzeit folgten den Tierherden. Das Fleisch der Tiere diente als Nahrung. Aus ihren Fellen konnte man Kleidung herstellen, aus den Knochen und Hörnern Werkzeug oder Waffen. Darüber hinaus wurden Beeren, Früchte und Wurzeln gesammelt. Sie lieferten die für das Überleben notwendigen Nährstoffe.

Warum ist die die Steinzeit für die Geschichte der Menschheit von Bedeutung?

- Die gezielte Herstellung und Verwendung von Werkzeugen war ein entscheidender Schritt in der Entwicklungsgeschichte der Menschheit. Sie erleichterten beinahe alle Tätigkeiten des Alltags. Als Waffen verwendet, boten sie besseren Schutz vor Feinden und wilden Tieren. Auch die Jagd, also die Beschaffung von Nahrung und somit das Sichern des Überlebens, wurde mit ihrer Hilfe einfacher.

- In der Steinzeit lernten die Menschen, mit dem Feuer umzugehen. Mithilfe des Feuers konnte man sich wärmen, wilde Tiere abschrecken, Speerspitzen härten und Fleisch haltbarer machen.

Steinzeitliches Höhlengrab

Vor 40 000 – 10 000 Jahren v. Chr.

Steinzeitliche Malerei

Fels- und Höhlenmalerei

Höhlenmalereien bieten einen Einblick in die Lebenswelt unserer fernen Vorfahren. Die Bilder zeigen meistens Tiere. Viele dieser Tiere sind bei uns längst ausgestorben. Die Steinzeitmenschen waren als Jäger und Sammler in kleinen Gruppen unterwegs und nutzten u. a. Höhlen und Felsvorsprünge als vorübergehende Unterkünfte. Gerade in den Höhlen konnten die Malereien geschützt die Zeit überdauern. Derartige Zeichnungen finden sich beinahe auf der ganzen Erde. In Mitteleuropa wurden sie vor allem in Frankreich, Spanien und Italien entdeckt.

Künstler der Eiszeit

Zur Herstellung der Malfarben verwendeten die Steinzeitmenschen Eisenoxide, Manganpulver, Holzkohle sowie Gemische aus Erde und Wasser. Aufgetragen wurden die Farben mit den Fingern oder einer Art Pinsel. Gelegentlich wurden sie auch mithilfe eines Röhrchens durch Hineinpusten aufgesprüht. Diese Technik wurde z. B. zur Abbildung der eigenen Hand verwendet. Die Höhlenmalereien entstanden hauptsächlich während der letzten Eiszeit vor ca. 40 000 bis 10 000 Jahren. Sehr wahrscheinlich haben aber nicht nur Menschen Malereien angefertigt, sondern auch die mit dem Menschen eng verwandten Neandertaler.

Ihre Bedeutung

Warum unsere Vorfahren die Fels- und Höhlenmalereien angefertigt haben, ist bis heute nicht eindeutig geklärt. Sicher scheint nur, dass sie nicht ausschließlich zum Zeitvertreib und auch nicht zur Verzierung der Unterkunft angefertigt wurden. Vielleicht dienten sie der Weitergabe von Informationen oder hatten eine Art religiöse Bedeutung.

Was man über die steinzeitliche Höhlenmalerei noch wissen muss:

- Die Malereien sind die ältesten Zeugnisse der Menschheit für die gezielte Verwendung von Farben. Gleichzeitig sind sie die ältesten künstlerischen Darstellungen.
- Die Malereien verdeutlichen die Entwicklung des menschlichen Geistes. Sie zeigen, dass der Mensch in der Lage war, sich zu erinnern, zu planen und für die Zukunft zu lernen.
- Die Menschen der Steinzeit verfügten über keine Schrift. Die Höhlenmalerei ermöglicht es uns heute, Erlebnisse und Erinnerungen der Menschen nachzuvollziehen. Sie veranschaulicht auch die enge Bindung der Menschen an die Natur.

Etwa ab 10 000 v. Chr.

Ackerbau und Viehzucht

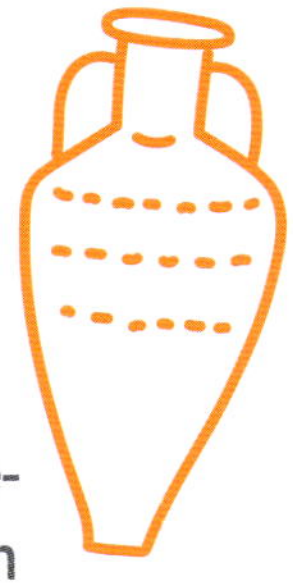

Gefäße aus Ton

Große Gefäße aus Ton waren für den Erfolg und die Verbreitung der landwirtschaftlichen Lebensweise von zentraler Bedeutung. Sie ermöglichten eine geplante Vorratshaltung, da man in ihnen größere Mengen Getreide über einen langen Zeitraum aufbewahren konnte. Im Gefäß war das Getreide geschützt vor Ungeziefer, Pilzen und Fäulnis. Damit war es auch außerhalb der Erntezeiten verfügbar.

Der Mensch wird sesshaft

Die Entstehung von Ackerbau und Viehzucht war um etwa 10 000 v. Chr. eine Revolution. Sie vollzog sich an verschiedenen Orten auf der Erde, wenn auch nicht gleichzeitig. Zuerst fand sie im Gebiet des »fruchtbaren Halbmonds« statt. Dies ist ein Gebiet, das sich vom Persischen Golf im Süden des heutigen Irak über den Norden von Syrien, den Libanon, Israel, Palästina und Jordanien erstreckt. Hier herrschten zum Ende der letzten Eiszeit ideale Bedingungen. Durch die Veränderung des Klimas hatten die Regenmengen zugenommen. Es gab zahlreiche Wildgetreidesorten sowie reichlich Wildtiere. Die Menschen begannen, nicht mehr alle gesammelten Körner aufzubrauchen. Stattdessen lagerten sie einen Teil im Winter ein und säten ihn im Frühjahr wieder aus. So hatte man eine regelmäßige und zuverlässige Ernte. Als Nächstes begann das Einfangen von Wildtieren. Wenn man sie einsperrte, fütterte und pflegte, hatte man das ganze Jahr über eine Fleischreserve. Zuerst wurden Ziegen und Schafe zu Haustieren. Danach folgten Schweine und Rinder. Durch Ackerbau und Viehzucht war es nicht mehr nötig umherzuziehen. Man konnte an einem Ort verbleiben und sich in einer festen Behausung niederlassen.

Durch Wanderung der Bauern verbreitete sich diese neue Lebensweise. Ab etwa 3000 v. Chr. hatte sie sich in beinahe ganz Europa durchgesetzt.

Hungrige Mäuse waren eine große Bedrohung für die Ernte.

Was man über die Entstehung der Landwirtschaft noch wissen muss:

- Erst der Übergang zu Ackerbau und Viehzucht ermöglichte die Sesshaftigkeit. In den landwirtschaftlichen Zentren entstanden rasch große feste Siedlungen. Hier siedelten sich Handwerker an, Arbeitsteilung erleichterte den Alltag und es bildete sich eine gegliederte Gesellschaft aus, in der jeder seine Aufgabe hatte.
- Die landwirtschaftliche Lebensweise und die Sesshaftigkeit führten zu einem Bevölkerungswachstum. Mehr Menschen konnten ausreichend versorgt werden. Die Städte wurden größer und Staaten entstanden.

Etwa ab 8000 v. Chr.

Stadtgründung

Lehmziegel

Um die ersten größeren Siedlungen der Menschen standhafter zu machen, wurden Lehmziegel verwendet. Bei ihrer Herstellung wurde der Lehm häufig mit Sand, Stroh oder Tierkot gemischt. Mauern und Gebäude aus Lehmziegeln waren widerstandsfähiger und boten den Bewohnern besseren Schutz vor Wetter und Feinden als Unterkünfte aus Holz.

Ortstreu bleiben

Früher wanderten die Menschen als Jäger und Sammler umher. Erst als sie begannen, Landwirtschaft und Viehzucht zu betreiben, blieben sie an einem Ort. So konnten sie mehr Nahrungsmittel herstellen und damit eine größere Zahl an Menschen versorgen. In den Siedlungen stiegen die Überlebenschancen, da reichlich Essen vorhanden war. Die Bevölkerung nahm zu und aus Ortschaften wurden Städte. Sie entstanden bevorzugt in der Nähe von Gewässern (Meer, Flüsse, Seen) oder religiösen Stätten (Heiligtümer).

Was man über die Gründung von Städten noch wissen muss:

- Die Entstehung von Städten begünstigte die wirtschaftliche Entwicklung einer Region. Dort wurden Waren getauscht und gehandelt. Es musste auch nicht mehr jeder selbst sein Essen herstellen, sondern konnte es kaufen. So konnte Arbeit aufgeteilt werden und es entstanden unterschiedliche Berufe. Jeder Einwohner trug etwas anderes zum Wohl der Stadt und der Menschen bei.

- Das Leben in Städten stieß kulturelle Entwicklungen an: Regeln und Gewohnheiten für ein gemeinsames Miteinander bildeten sich heraus. Zusammen auf engstem Raum zu wohnen, konnte aber auch zu mehr Streitereien führen und dazu, dass sich ansteckende Krankheiten schneller verbreiteten.

Uralte Städte

Çatalhöyük in der Türkei (ca. 7000–6000 v. Chr.) und Jericho in Palästina (ca. 8000 v. Chr.) gelten als die ältesten Stadtgründungen. Im »fruchtbaren Halbmond«, einem Gebiet, das sich vom Persischen Golf im Süden des heutigen Irak über den Norden von Syrien, den Libanon, Israel, Palästina und Jordanien erstreckt, entstanden anfangs die meisten Siedlungen. Hier herrschten ideale Bedingungen für Landwirtschaft und Handel. Die älteste Stadt auf dem europäischen Kontinent ist sehr wahrscheinlich Cádiz im heutigen Spanien. Phönizier gründeten sie Mitte des 8. Jahrhunderts v. Chr. Die ältesten Stadtgründungen in Deutschland wie Köln, Augsburg, Speyer, Worms, Kempten (Allgäu) und Trier erfolgten allesamt kurz vor oder nach Christi Geburt als römische Heerlager.

Das Gebiet des fruchtbaren Halbmonds

Ausgrabung in Jericho

Ab 4. Jahrtausend v. Chr.

Die Erfindung des Rades

Ägyptischer Streitwagen

Ägyptische Streitwagen bestanden aus Holz und Leder. Sie waren dadurch besonders leicht und gut zu lenken. Sie wurden von zwei Pferden gezogen. Zwei Mann fuhren in einem Wagen. Einer lenkte, der andere kämpfte. Die Pharaonen nutzten den Streitwagen aber auch gerne vergoldet und geschmückt bei öffentlichen Anlässen. So konnten sie sich dem Volk in ihrer ganzen Pracht zeigen.

Die Entwicklung des Rades

Die ersten Vorrichtungen, mit denen Menschen Dinge oder Personen befördert haben, waren Schlitten oder ähnliche Gerätschaften. Deren Nachteil war der große Gleitwiderstand. Das Transportieren von Lasten auf Rollen oder Walzen, wie man es z. B. im bronzezeitlichen Ägypten anwandte, konnte nur auf relativ kurzen Strecken funktionieren. Es war kraftraubend und zeitaufwendig.

Ab dem 4. Jahrtausend v. Chr. wurde das Rad zum Transport und zur Fortbewegung genutzt. Wo genau das erste Rad entstand, kann nicht mit Gewissheit bestimmt werden. Wahrscheinlich geschah dies jedoch an verschiedenen Orten relativ gleichzeitig. Vorbilder für die Form des Rades gab es in der Natur genug, z. B. die Sonne. Auch die Funktionsweise konnte man sich abschauen. Räder wurden zunächst an Wagen gesetzt, die ein oder zwei Achsen hatten. Zweiachser waren für lange Zeit nur sehr schwer zu lenken, sie wurden in der Regel zum Transport großer Lasten über längere Strecken verwendet. Die leicht lenkbaren Einachser hingegen wurden häufig als Streitwagen eingesetzt. Als Zugtiere dienten Pferde und Ochsen.

Speichenräder

Die ersten Räder wurden zunächst aus einem Stück Holz gebaut, dann aus mehreren Teilen zusammengesetzt. In der Metallzeit begann man damit, die Räder leichtgängiger und gleichzeitig stabiler zu machen. Es entstanden Speichenräder, die man mit Metallbeschlägen stabilisierte.

Speichenrad

Warum ist die Erfindung des Rades für die Entwicklung der Menschheit von Bedeutung?

- Die Erfindung des Rades vereinfachte und beschleunigte den Transport von Personen und Waren deutlich. Handel über große Distanzen war nun auch über Land möglich. Bis dahin ging dies nur auf dem Wasser.
- Die zunehmende Mobilität förderte die Entstehung eines Netzes von Verkehrswegen. Diese ermöglichten den Handel über große Entfernungen. Gleichzeitig förderten sie einen kulturellen Austausch zwischen unterschiedlichen Regionen.

Etwa ab 4000 v. Chr.

Die Schrift

Hieroglyphen

Schrifttafel

Die Keilschrift wurde von den Sumerern im 4. Jahrtausend v. Chr. in Mesopotamien in Vorderasien entwickelt. Sie reihte stark vereinfachte Bildzeichen von Gegenständen und Lebewesen aneinander, die mit kantigen Griffeln in die Oberfläche weicher Tontafeln gedrückt wurden. Jedes Zeichen stellte ein ganzes Wort dar. Mündliche Vereinbarungen schriftlich festzuhalten, war wichtig für Handel, Verwaltung und Religion. Über die Jahrhunderte hinweg entwickelte sich aus der Bilderschrift unser Alphabet.

Vom Bild zur Schrift

Auch die über 5000 Jahre alte, sehr kunstvolle ägyptische Hieroglyphenschrift bestand aus Bildzeichen, die immer abstrakter wurden. Das Lesen und Schreiben lernten damals nur wenige. Menschen, die den neuen Beruf des Schreibers ausübten, waren sehr angesehen und wohlhabend. Um etwa 1200 v. Chr. entwickelte sich im syrisch-libanesischen Raum, dem Siedlungsgebiet der Phönizier, etwas Neues: die Buchstabenschrift.

Warum ist die Entwicklung der Schrift für die Geschichte der Menschheit von großer Bedeutung?

- Mithilfe der Schrift konnten Abmachungen, Verträge, aber auch Erinnerungen außerhalb des Gedächtnisses festgehalten werden. Dadurch ließ sich z. B. die Verwaltung eines Staates besser und wirkungsvoller gestalten, aber auch Verträge wurden verbindlicher. Botschaften konnten über große Entfernungen hinweg übermittelt und verbreitet werden. Zudem machte die Schrift es möglich, Texte zu schreiben, die der eigenen Fantasie entsprungen waren. Damit begann die Literaturgeschichte.

Das erste Alphabet

Die neue Buchstabenschrift verwendete nur wenige Zeichen. Während die Keilschrift etwa 600 Zeichen und die ägyptische Hieroglyphenschrift mehrere Tausend kannte, waren es im phönizischen Alphabet zunächst nur 22. Diese Zeichen oder Buchstaben standen nun nicht mehr für Wörter oder Silben, sondern nur noch für Laute. Sie hatten keine inhaltliche Bedeutung mehr und wurden in einem Alphabet zusammengefasst. Sie ließen sich schneller lesen und aufschreiben und vor allem unendlich vielfältig zu Worten kombinieren. Der Name »Alphabet« geht auf die ersten beiden Buchstaben des phönizischen Alphabets zurück: »Aleph« und »Beth«. Diese neue Schrift gilt heute als Urform der meisten Buchstabenschriften, auch unserer lateinischen.

Griechische Schrift

Etwa ab 3300 v. Chr.

Die Bronzezeit/Metallzeit

Bronze-Axt

Aus Bronze konnten viele nützliche Gegenstände hergestellt werden, die man zuvor aus Knochen oder Stein gefertigt hatte. So war eine Axtklinge aus Bronze weitaus widerstandsfähiger als eine Klinge aus Stein. Man konnte mit ihr besser arbeiten, da sie länger scharf blieb und nicht so schnell zerbrach. Aus denselben Gründen war sie auch im Kampf wirksamer und brachte dem Besitzer damit entscheidende Vorteile.

Eine wichtige Entdeckung

Die Bronzezeit verdankt ihren Namen dem Umstand, dass Werkzeuge und Waffen nun vorwiegend aus Bronze und nicht mehr aus Stein gefertigt wurden. Die Metallverarbeitung ist eine der wichtigsten Entdeckungen der Menschheitsgeschichte. Ihren Ursprung hat sie in Vorderasien, wo bereits ab 3300 v. Chr. Bronze hergestellt und verarbeitet wurde. Die Bronzezeit dauerte in Mitteleuropa von etwa 2200 v. Chr. bis 800 v. Chr. Bei der Bronze handelt es sich um eine Metallmischung, auch Legierung genannt. Sie besteht aus 90 % Kupfer und 10 % Zinn. Unklar ist bis heute, wie die Menschen auf die Legierung und das passende Mengenverhältnis kamen. Kupfer alleine konnte man für Waffen und Werkzeuge nicht verwenden. Es war zu weich und verformte sich bei der Benutzung. Die Förderung und Verarbeitung der Erze zu Bronze war außerordentlich schwierig und zeitaufwendig. Diese Arbeiten wurden von Spezialisten übernommen. Der Handel mit den begehrten Bronzewaren brachte Wohlstand in Siedlungen und Regionen.

Von Bronze zu Eisen

Bronze als Werkstoff wurde ab etwa 800 v. Chr. durch das Eisen abgelöst. Eisen war leichter zu verarbeiten, ohne Zusätze stabiler und gleichzeitig elastischer. Die Bronze wurde nun meist nur noch in der Schmuckherstellung verwendet.

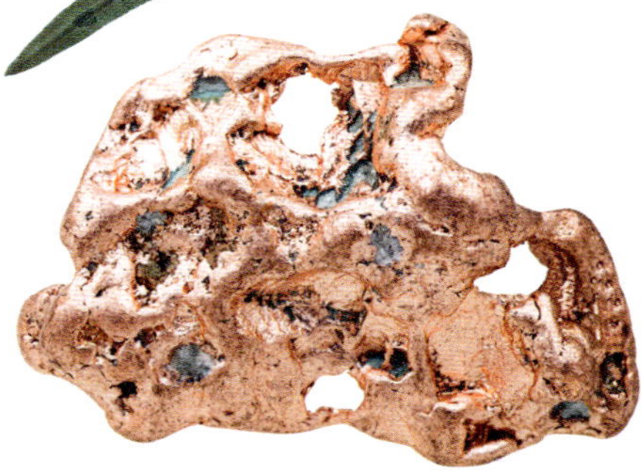

Was man über die Bronzezeit/Metallzeit noch wissen muss:

- Da die Erzvorkommen nicht gleichmäßig verteilt waren, entstanden Handelsnetze. So konnten Metallwaren oder Erze im Tausch gegen andere Dinge gehandelt werden. Gleichzeitig kam es so zu einem kulturellen Austausch zwischen Siedlungszentren.
- Der Handel begünstigte die Anhäufung von Reichtum in den Händen Einzelner. Und Reichtum bedeutete Macht. Folglich gab es nun Menschen, die mächtiger waren und mehr Einfluss hatten als andere. Unterschiede in der gesellschaftlichen Stellung von Menschen und Familien entstanden und verfestigten sich.

3000 – 30 v. Chr.

Das alte Ägypten

Der Skarabäus, eine Mistkäfer-Art, war ein beliebtes Motiv als Glücksbringer.

Kanope

Im alten Ägypten glaubten die Menschen fest an ein Leben nach dem Tod. Um den toten Körper so gut wie möglich dafür zu erhalten, wurde die Mumifizierung entwickelt. Der Körper wurde getrocknet, eingesalbt und eingewickelt. Zudem wurden die Eingeweide entnommen und in speziellen Krügen, den Kanopen, getrennt vom Leichnam beigesetzt. Zunächst mumifizierte man nur Pharaonen, später aber auch wichtige Würdenträger des Staates und wohlhabende Ägypter.

Die ägyptische Hochkultur

Der Nil, der längste Fluss Afrikas, war für das Entstehen dieser Hochkultur von großer Bedeutung. Einmal im Jahr führten starke Regenfälle dazu, dass der Fluss über seine Ufer trat und das gesamte Niltal überschwemmte. Floss das Wasser wieder ab, blieb auf den Feldern dunkler, fruchtbarer Schlamm zurück. Hierauf konnten nun Getreide, Gemüse und Obst angebaut werden. Teile ihrer Ernte mussten die Bauern als Steuer an den Pharao abtreten.

Der Pharao stand an der Spitze des alten Ägypten. Er galt als Vertreter der Götter auf Erden und wurde selbst für einen Gott gehalten. Er war der Eigentümer des gesamten Landes und seiner Einkünfte. Ägypten war eine der ersten Hochkulturen der Menschheitsgeschichte, also eine Gesellschaft, in der es unter anderem geplante Landwirtschaft und Handel gab. Das heißt, es wurde nicht nur das Nötigste angepflanzt, sondern auch größere Mengen, um sie gegen andere Dinge und Lebensmittel zu tauschen.

Das Ende des Reiches

Das ägyptische Reich war um 3000 v. Chr. durch den Zusammenschluss von Unter- und Oberägypten entstanden. Den verschiedenen Pharaonen gelang es, über 2000 Jahre hinweg Ägypten zu einer Großmacht, also zu einem sehr starken und einflussreichen Land zu machen. Um etwa 1000 v. Chr. endete die Blütezeit des Reiches. Später eroberten nacheinander Perser, Griechen und Römer das ägyptische Reich.

Hieroglyphen-Inschrift aus der 18. Dynastie (ca. 1550–1300 v. Chr.)

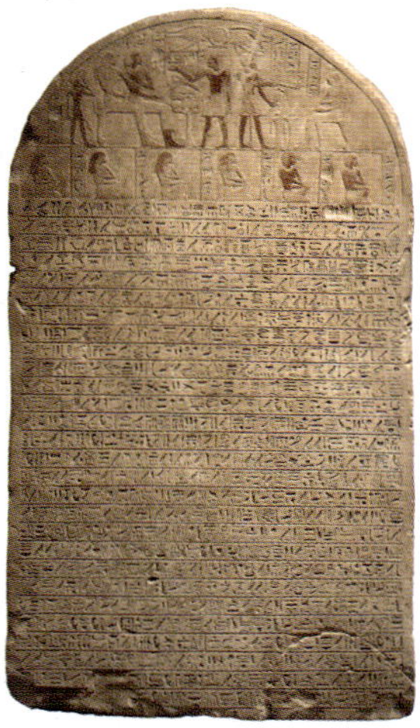

Was muss man über das alte Ägypten noch wissen?

- Die Ägypter haben mit den Pyramiden und den großen Tempeln eindrucksvolle Zeugnisse ihrer Welt hinterlassen, die bis zum heutigen Tag die Menschen faszinieren.
- Dank der vielen, mit Hieroglyphen verfassten Inschriften an Tempelwänden und in Gräbern bieten sich noch heute interessante Einblicke in die Geschichte des Landes und die Entwicklung einer frühen Hochkultur.

235 Mio. Jahre bis 1200 v. Chr

Vor- und Frühgeschichte

Pyramidenbau in Gizeh
(2620 bis 2500 v. Chr.)

Die Pyramiden von Gizeh zählen zu den ältesten Bauwerken der Menschheit. Es handelt sich um drei Pyramiden, die Pharaonen sich als eigene Grabstätte bauen ließen. Mit einer Höhe von 139 m ist die Cheops-Pyramide die höchste der drei. Sie ist benannt nach dem Pharao Cheops. Neben diesen drei Pyramiden wurde im alten Ägypten an anderen Orten noch eine Vielzahl weiterer Pyramiden gebaut.

Pfeil und Bogen

In Südafrika wurden Steinspitzen gefunden, die circa 64 000 Jahre alt sind. Sie könnten als Pfeilspitzen gedient haben. Hölzerne Bogen aus dieser Zeit sind natürlich nicht erhalten. Die ältesten Stücke eines Bogens, die man bisher gefunden hat, sind etwa 18 000 Jahre alt. Mithilfe von Pfeil und Bogen konnte man Tiere aus größerer Entfernung jagen.

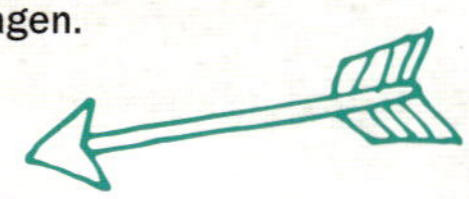

Dinosaurier

ab etwa 2,1 Millionen Jahren

Der Mensch

235 Millionen bis 66 Millionen Jahre

1 Millionen Jahre

ab 1,8 Mio Jahren

Die Nutzung des Feuers

Sehr wahrscheinlich begann die Nutzung des Feuers durch die Vorfahren des modernen Menschen vor etwa 1,8 Millionen Jahren. Sie nutzten zuerst Feuer, die durch Blitze und bei Trockenheit entstanden waren. Bis es gelang, selbstständig ein Feuer zu entfachen, vergingen Hunderttausende von Jahren. Das Feuer brachte viele Vorteile: Licht, Wärme, Schutz vor Tieren, bessere Verträglichkeit von Fleisch und anderen Speisen durch Erhitzen.

Stonehenge
(ab etwa 3100 v. Chr. oder doch viel früher?)

Stonehenge besteht aus einer Wallanlage und verschiedenen Steinkreisen, die aus unbehauenen Steinblöcken gebildet wurden. In der Jungsteinzeit wurde ab etwa 3100 v. Chr. mit dem Bau begonnen. Welchem Zweck das Bauwerk diente, ist immer noch ungeklärt. Als Begräbnisstätte diente es vielleicht der Ahnenverehrung. Möglicherweise war es aber auch ein Ort für Feierlichkeiten zu Ehren der Sonne.

Steinzeit
(2,5 Millionen Jahre bis etwa 3. Jahrtausend v. Chr.)

Babylon

Die Stadt war eine der wichtigsten Städte des Altertums. Sie lag am Fluss Euphrat im heutigen Irak. Sie war ein Verwaltungs- und Kulturzentrum der Region und gleichzeitig Hauptstadt verschiedener Reiche. Für mehrere Jahrhunderte war Babylon die größte Stadt der Welt. Wahrscheinlich wohnten dort auf dem Höhepunkt etwa 200 000 Menschen. Heutzutage ist Babylon nur noch eine Ruinenstadt.

ab 62 000 v. Chr.

Pflug/Ackerbau

ab 10 000 v. Chr.

Rad

4./5. Jahrtausend v. Chr.

3. Jahrtausend v. Chr.

00 000 v. Chr. | 10 000 v. Chr. | 7000 v. Chr. | 5000 v. Chr.

40 000 bis 10 000 Jahren

Höhlenmalerei

8./7. Jahrtausend v. Chr

Stadt

ab 3000 v. Chr

Altes Ägypten

ab etwa 1200 v. Chr.

Buchstabenschrift

(4. Jahrtausend v. Chr.)

Die Keilschrift ist im 4. Jahrtausend v. Chr. entstanden. Sie bestand zunächst nur aus simplen Darstellungen von Gegenständen und Lebewesen. Durch Vereinfachung und Verallgemeinerung entwickelte sich daraus nach und nach unsere heutige Schrift.

Eisenzeit

Die Eisenzeit ist nach dem zur Werkzeugherstellung verwendeten Material benannt. Die bis dahin von den Menschen verwendete Bronze wurde durch das Eisen abgelöst. Waffen und Werkzeuge aus Eisen waren wesentlich widerstandsfähiger. Allerdings war es schwieriger zu verarbeiten, da es erst bei deutlich höheren Temperaturen zur Schmelze kam.

7./6. Jh. v. Chr.

Das Geld

Chinesisches Papiergeld

Lydische Silbermünze

Im 7. Jahrhundert v. Chr. wurden in Lydien, an der Westküste der heutigen Türkei, die ersten Münzen geprägt. Die noch eher unförmigen Klumpen bestanden aus Elektron, einer in der Natur vorkommende Mischung von Gold und Silber. Der lydische König Krösus (um 590–541 v. Chr.) führte dann erstmals einheitliche Münzen ein: Sie waren gleich groß, gleich schwer und sahen annähernd gleich aus.

Barzahlung

Das Gewicht der ersten Münzen war durch die Mischung der enthaltenen Edelmetalle ganz unterschiedlich. Deshalb mussten sie gewogen werden, um ihren genauen Wert zu bestimmen. Beim neuen, gleichförmigen Münzgeld fiel das weg, was den Handel mit ihm erleichterte: Die Münzen wurden nun einfach abgezählt. Es mussten nun auch nicht mehr Dinge im Tausch für etwas anderes transportiert werden. Die Menschen konnten alle Waren ganz bequem mit Münzen bezahlen.

Bald nutzten auch Perser, Griechen und Römer Münzgeld. Mit dem Niedergang des Römischen Reiches im 5. Jahrhundert n. Chr. verlor es eine Zeit lang an Bedeutung. Im Mittelalter war ein Nebeneinander von vielen verschiedenen Münzen gebräuchlich, was den Preisvergleich erschwerte. Erst im späten Mittelalter begann eine Vereinheitlichung.

Griechische Goldmünze

Geldscheine

In China wurde im 8. Jahrhundert n. Chr. erstmals einheitliches Papiergeld herausgegeben, in Europa erst 1661 in Schweden. Mit den Geldscheinen ließen sich nun auch größere Geldgeschäfte problemlos abwickeln, da nicht Berge von Münzen mitgeschleppt werden mussten. Trotzdem setzte sich der Gebrauch von Papiergeld erst im 19. Jahrhundert richtig durch: zunächst in Großbritannien, dann in Europa und in anderen Regionen der Welt.

Warum ist die Einführung des Geldes für die Menschheitsgeschichte von Bedeutung?

- Nicht mehr ganz unterschiedliche Waren, sondern Geld wurde zum Tauschmittel. Es ließ sich viel besser und einfacher mitnehmen, wurde nicht schlecht und man konnte viel leichter und spontaner wählen, für welche Dinge man es ausgeben wollte.

- Die Entstehung des Münzgeldes begünstigte auch die Entstehung von Banken. Bereits in der Antike gab es Banken, die gegen Zinsen Geld verliehen und Zahlungen regelte. Im Mittelalter entstanden die ersten europaweit tätigen Banken in Florenz. Von hier aus verbreitete sich das Bankenwesen rasch auf dem ganzen Kontinent.

Das antike Griechenland

Zeuskopf

Unsterbliche Götter bestimmten die Glaubenswelt aller Griechen der Antike. Für jeden Lebensbereich gab es jeweils einen Gott oder eine Göttin. Die zwölf Hauptgötter lebten auf dem Olymp, Griechenlands höchstem Gebirge. Über allen Göttern thronte Göttervater Zeus. Er und die anderen Götter wurden in Tempeln verehrt. Diese Gebäude galten als heilige Orte und waren einem oder mehreren Göttern gewidmet.

Helm der Spartaner

Viele Stadtstaaten

Das antike Griechenland bestand nicht aus einem gemeinsamen Staat, sondern aus etwa 600 Stadtstaaten, die häufig miteinander stritten und gegeneinander Krieg führten. Ein Stadtstaat hatte zwischen 2000 und 4000 Einwohner. Er bestand meist aus der Stadt selbst, die um die Burg, Polis genannt, entstanden war, sowie dem Umland. In allen Stadtstaaten wurde Griechisch gesprochen. Diese Sprache war eine der wichtigsten der antiken Welt. Die Griechen nannten sich selbst Hellenen.

Die vorwiegend steinige und trockene Landschaft Griechenlands konnte die wachsende Bevölkerung nicht ausreichend mit Nahrungsmitteln versorgen. Es kam zu Hungersnöten. Bereits ab 800 v. Chr. gründeten deshalb viele Griechen rund um das Mittelmeer und das Schwarze Meer Kolonien. In diesen neuen Städten trieben sie Handel – und verbreiteten so die griechische Sprache und Kultur in großen Teilen Europas.

Zwei Großstädte

Die bedeutendsten Stadtstaaten waren Athen und Sparta. Zu Athen, dem größeren Stadtstaat, gehörten die gesamte Halbinsel Attika sowie der Seehafen Piräus. Athen war ein Zentrum des Handels und der Kultur und sehr wohlhabend. Das zeigen die Prachtbauten auf der Akropolis, deren Ruinen man noch heute besuchen kann. Sparta kämpfte mit Athen um die Vorherrschaft in Griechenland. Das Leben dort stand ganz im Zeichen des Militärs. Bereits mit sieben Jahren begann für die Jungen die militärische Erziehung zum Soldaten (Hoplit). Im Peloponnesischen Krieg (431–404 v. Chr.) siegte Sparta und brach Athens politische Macht.

Akropolis in Athen

Was man über das antike Griechenland noch wissen muss:

- Menschen, die kein Griechisch konnten, wurden von den Hellenen als Barbaren bezeichnet. In ihren Augen klang das, was diese Menschen sprachen, nach »br-br«, was so viel wie »stottern« bedeutete.
- Zu den bekanntesten griechischen Stadtgründungen im Mittelmeerraum zählen Marseille, Nizza und Neapel.

Etwa ab 800 v. Chr.

Die antike griechische Kultur

Theatermaske

Das antike Olympia

Theater von Epidaurus

Die Tragödie wurde im antiken Griechenland erfunden. Bei Aufführung eines solchen ernsten Theaterstücks trugen die Darsteller Masken, die einen starren Gesichtsausdruck zeigten. Dahinter konnten sich die Schauspieler – es waren ausschließlich Männer – verbergen und in die Rollen schlüpfen. Die Darbietungen (es gab auch lustige Komödien) dauerten meist einen ganzen Tag und waren ein Höhepunkt im Alltag der Menschen. Sie fanden in Freilufttheatern statt. Es gab eine Spielfläche, die von einem Bühnenhaus mit Umkleideräumen begrenzt wurde. Ihm gegenüber erhob sich der Zuschauerbereich in einem Halbkreis mit mehreren Rängen. Dort fanden mehrere Tausend Menschen Platz.

Reiches Erbe

Das heutige Europa verdankt dem antiken Griechenland nicht nur das Theater, sondern auch bedeutende Werke der Dichtkunst und der Geschichtsschreibung sowie viele Entdeckungen in Mathematik, Physik, Medizin und Astronomie. Philosophen wie Sokrates, Platon oder Aristoteles machten sich bereits damals Gedanken z. B. über den Sinn des Daseins, die Erscheinungen der Umwelt und das eigene Bewusstsein oder versuchten zu ergründen, was ein glückliches Leben ausmachte – lauter Fragen, die uns auch heute noch beschäftigen.

Friedensspiele

Die Olympischen Spiele haben ebenfalls in Griechenland ihren Ursprung. Sie wurden ab 776 v. Chr. alle vier Jahre als Fest gefeiert und waren eine Zeit des Friedens. Es galt für mehrere Monate eine Waffenruhe. Zu Beginn wurde nur ein Laufwettkampf abgehalten. In späteren Jahrhunderten kamen immer mehr Wettkämpfe dazu, bis es schließlich 18 waren. Die Sieger eines Wettkampfs erhielten jeweils einen Zweig des heiligen Ölbaums und wurden in ihrer Heimat zu gefeierten Helden.

»Ich weiß, dass ich nichts weiß« ist der wohl bekannteste Satz, der von dem griechischen Philosophen Sokrates (469–399 v. Chr.) überliefert wurde.

Sokrates

Was man über die antike griechische Kultur noch wissen muss:

- Den gewissenhaften griechischen Geschichtsschreibern verdanken wir große Teile unseres Wissens über die antike Welt. So berichtete Thukydides (ca. 454–396 v. Chr.) ausführlich vom Krieg zwischen Athen und Sparta oder Herodot (ca. 490–420 v. Chr.) von den Kriegen gegen das persische Großreich.

UM 500 v. Chr.

Die attische Demokratie

Scherben

Der antike Marktplatz (Agora) in Athen

Das sogenannte Scherbengericht war ein Bestandteil der attischen Demokratie. Die Volksversammlung des Stadtstaats Athen musste einem Scherbengericht zustimmen. Es sollte die Alleinherrschaft unliebsamer Politikers verhindern. Sie konnten per Mehrheitsentscheid aus der Stadt entfernt werden. Jeder Bürger konnte einen Namen auf eine Tonscherbe ritzen und diese zur Auszählung abgeben. Wer die meisten Stimmen erhielt – es konnte pro Abstimmung jeweils nur einer sein – wurde für zehn Jahre verbannt.

Das Volk entscheidet

Die Demokratie, die Herrschaft des Volkes, entstand um etwa 500 v. Chr. im antiken Athen. Im Mittelpunkt der attischen Demokratie stand die Volksversammlung. An ihr durften alle männlichen Bürger der Stadt teilnehmen. Bürger war man nur, wenn sowohl Mutter als auch Vater in Athen als freie Menschen geboren waren. Frauen, Kinder sowie die zahlreichen Sklaven waren ausgeschlossen. Damit besaß die überwiegende Mehrheit der Stadtbevölkerung keine politischen Rechte. Die Volksversammlung tagte regelmäßig, traf alle wichtigen Entscheidungen und beschloss Gesetze nach dem Mehrheitsprinzip.

Mitbestimmen

In der Volksversammlung hatte jeder Teilnehmer die gleichen Rechte. Jeder durfte Anträge stellen, die zur Abstimmung gestellt werden konnten. Jeder durfte auch das Wort ergreifen und sich an die Versammlung wenden. Die Redezeit wurde mit einer Wasseruhr überwacht. Die täglichen Regierungsgeschäfte führte der Rat der 500, dessen Mitglieder per Los aus der Volksversammlung bestimmt wurden. Je 50 von ihnen führten für jeweils 36 Tage die Regierungsgeschäfte. Jeweils einer übernahm für einen Tag den Vorsitz.

Der griechische Staatsmann Perikles

Warum ist die attische Demokratie für die Geschichte der Menschheit von Bedeutung?

- Gleichheit und freie Meinungsäußerung sind Grundsätze der attischen Demokratie und auch feste Bestandteile einer modernen Demokratie.
- Die westliche Demokratie orientiert sich am attischen Vorbild. Allerdings gibt es entscheidende Unterschiede. Es dürfen Frauen und Männer ab 18 Jahren ihre Stimme abgeben. Eine Volksversammlung wie in Athen gibt es nicht mehr, da die Zahl der Wähler zugenommen hat. In einer modernen Demokratie gibt es ein Parlament, in dem von den Bürgern gewählte Vertreter die politischen Entscheidungen in ihrem Sinne treffen. Es ist eine repräsentative Demokratie.

ab 750 v. Chr.

Die Schule in der Antike

Griffel

Griechische Schule auf Keramik

In der Antike dienten Griffel zum Schreiben. Mit diesen spitzen Stiften aus Eisen, Bronze, Knochen oder Elfenbein wurde u. a. auf Wachs- oder Schiefertafeln geschrieben. Diese Griffel wurden auch in vielen Schulen der Antike benutzt.

Unterricht auf Griechisch

In der Antike gab es keine Schulpflicht und auch keine öffentlichen Schulen. Bildung war reine Privatsache. In Griechenland konnte derjenige, der wohlhabend und frei war, seinen Söhnen eine gute Schulausbildung sichern. Unterrichtet wurden die Kinder zu Hause oder in den Häusern der Lehrer. Neben Schreiben, Lesen und Rechnen wurden auch Gymnastik, Tanz, Musik und Dichtkunst vermittelt. Mädchen wurde nur das Schreiben, Lesen und Rechnen beigebracht – mehr brauchten sie nach damaligem Verständnis nicht, um einen Haushalt führen zu können.

Im Stadtstaat Sparta gab der Staat die Ausbildung der Jungen vor. Sie mussten mit sieben Jahren ihr Elternhaus verlassen und eine militärische Ausbildung beginnen. Ausdauer, Härte, Disziplin und Gehorsam standen dabei im Vordergrund. Im Lesen und Schreiben wurde nur Grundwissen weitergegeben. Mit 20 Jahren waren die Schüler fertig ausgebildete Kämpfer (Hopliten), die in die Armee aufgenommen wurden.

Spartaner

Lernen in Rom

Im antiken Rom gab es eine umfassende Bildung ebenfalls nur für Wohlhabende. Die Kinder von reichen Bürgern wurden zu Hause meist von gebildeten Sklaven unterrichtet. Jungen und Mädchen wurde zunächst Grundwissen vermittelt. Danach konnten Jungen, wenn sie wollten, in einer Grammatikschule Griechisch, Literatur und Mathematik lernen. Rhetorikschulen galten als höhere Schulen, in denen man das Reden und Argumentieren beigebracht bekam – um sich auf eine spätere Rolle in der Politik vorzubereiten.

Im Rom der Kaiserzeit gab es dann in gewisser Weise öffentliche Schulen, allerdings ohne festen Schulort. Unterrichtet wurde meist dort, wo gerade Platz war. Diese einfachen Schulen vermittelten Grundkenntnisse in Lesen, Schreiben und Rechnen.

Warum ist die Schule in der Antike für die Geschichte der Menschheit von Bedeutung?

- Viele der Fächer, die auch heute noch an Schulen unterrichtet werden, erhielten in der Antike ihre Grundlagen. So wurden z. B. wesentliche Bestandteile der Mathematik und Physik in der Antike ausgearbeitet.
- An dem griechischen Bildungsideal eines möglichst umfassenden Wissens halten wir auch heute noch fest.

Die Abwehr der Perser

Abbildung von Kämpfern auf einer griechischen Keramik

Hopliten-Helm

Dieser Helm war Teil der Ausrüstung eines griechischen Fußsoldaten, eines sogenannten Hopliten. Dazu gehörten auch ein schwerer runder Schild aus Holz, eine lange Lanze, ein Schwert sowie Beinschienen und ein Brustpanzer. Die Hopliten mussten die Ausrüstung selbst bezahlen. Da sie sehr teuer war, konnten sich nur wohlhabende Bürger diese vollständig leisten. Ärmere Bürger mussten mit einer einfacheren Ausrüstung vorliebnehmen.

Bedrohung durch ein Weltreich

Das persische Großreich war im 6. Jahrhundert v. Chr. durch Eroberungen entstanden. Zum Zeitpunkt seiner größten Ausdehnung erstreckte es sich von Kleinasien bis Indien und Ägypten. Es war die erste »Supermacht« der Antike. In Kleinasien – im Wesentlichen die heutige Türkei – waren auch einige griechische Städte Teil des Persischen Reiches geworden. Diese Städte lehnten sich von 500 bis 494 v. Chr. gegen die Perser auf. Unterstützt wurden sie dabei von einigen griechischen Stadtstaaten, unter ihnen auch Athen.

Nachdem man den Aufstand der Griechen niedergeschlagen hatte, wollten die Perser die griechischen Unterstützer bestrafen. 490 v. Chr. landeten bei der Stadt Marathon persische Soldaten, um gegen Athen vorzugehen. Die Athener stellten sich ihnen entgegen und siegten nach einem kurzen Gefecht. Die Perser sahen sich zum Rückzug gezwungen. Obwohl es sich nur um eine kleine Auseinandersetzung gehandelt hatte, steigerte dieser Sieg das Selbstbewusstsein Athens.

Nach dieser Niederlage weckte nun ganz Griechenland das Interesse der Perser. Der persische König ließ ein großes Heer ausrüsten und griff Griechenland zu Wasser und zu Land an. Doch erneut gelang es den Griechen, die Perser zurückzuschlagen. Zwar konnten sie Teile des Landes verwüsten, doch 480 v. Chr. unterlag die persische Flotte bei der Insel Salamis gegen eine Flotte verschiedener Stadtstaaten unter der Führung Athens. Als auch noch das persische Landheer von verbündeten Griechen besiegt wurde, gaben sich die Perser geschlagen. Sie beendeten den Versuch, Griechenland zu unterwerfen.

Alexander dem Großen gelang es etwa 150 Jahre später, das Persische Reich zu erobern.

Warum ist die Abwehr der Perser für die Geschichte der Menschheit von Bedeutung?

- Der Sieg über die Perser brachte den Aufstieg Athens zum wirtschaftlichen, kulturellen und militärischen Zentrum mit sich. Die Entwicklung der Demokratie, die Bauten auf der Akropolis, die Entwicklung von Philosophie, Theater und Wissenschaften in Athen war nun möglich.
- Die Abwehr der Perser ermöglichte in den folgenden Jahrhunderten die Verbreitung der griechischen Kultur im Mittelmeerraum und in Europa. Dieser Einfluss prägt bis heute die europäische Kultur.

Alexander der Große auf einer Goldmünze aus dem 3. Jh. v. Chr.

Alexander der Große

Bronzerelief

Alexander der Große war der größte Eroberer aller Zeiten. Seine Thronbesteigung war der Beginn der Epoche des Hellenismus. Diese prägte für etwa 300 Jahre die antike Welt. Durch die Feldzüge Alexanders verbreiteten sich die griechische Kultur und ihre vielen Errungenschaften wie Sprache, Kunst, Wissenschaft und Lebensweise in den eroberten Gebieten.

Herrscher über ein Weltreich

Alexander wurde 356 v. Chr. als Sohn des makedonischen Königs Philipp II. geboren und vom griechischen Philosophen Aristoteles unterrichtet. Schon als Jugendlicher nahm er an den Feldzügen seines Vaters teil, der aus dem unbedeutenden nordgriechischen Kleinstaat Makedonien durch Eroberungen die stärkste Militärmacht der damaligen Zeit gemacht hatte. 336 v. Chr. bestieg Alexander als Nachfolger seines ermordeten Vaters den makedonischen Thron.

Im Jahr 334 v. Chr. ging Alexander gegen das persische Großreich vor, die damals bestimmenden Weltmacht. Mit seinen Soldaten setzte er nach Kleinasien über. 333 v. Chr. besiegte er die Perser bei Issos, 331. v. Chr. entscheidend bei Gaugamela im heutigen Nordirak. Er unterwarf das Persische Reich bis hinunter nach Ägypten, zog danach mit seinen Truppen nach Afghanistan und Indien. 326 v. Chr. lehnten sich seine Soldaten – nach insgesamt 32 000 km Feldzug – gegen ihn auf: Sie weigerten sich weiterzuziehen – Alexander musste umkehren.

Das Reich zerfällt

Alexander starb am 10. Juni 323 v. Chr. in Babylon, der Hauptstadt des Alexanderreichs. Begraben wurde er in Alexandria in Ägypten. Nach seinem Tod wurden die eroberten Gebiete unter seinen Generälen aufgeteilt. Die Generäle führten in der Folge Krieg untereinander. Am Ende blieben drei große Reiche übrig. Sie hatten Bestand bis sie von den Römern erobert wurden.

Was man über Alexander den Großen noch wissen muss:

- Alexander gilt heute als einer der größten Feldherrn der Geschichte. Er schuf in nur elf Jahren ein Weltreich, das zum Zeitpunkt seines Todes ein Gebiet umfasste, in dem die heutigen Länder Griechenland, Türkei, Syrien, Libanon, Israel, Jordanien, Ägypten, Irak, Iran, Afghanistan und Pakistan sowie Teile Nordindiens liegen.
- Die Stadt Alexandria in Ägypten wurde von Alexander dem Großen 331 v. Chr. gegründet. Dort gab es eines der sieben Weltwunder der Antike zu bewundern: den Leuchtturm auf der Insel Pharos.

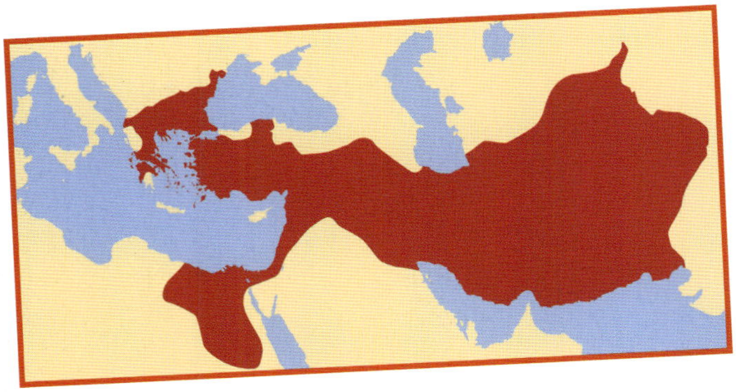

Das Reich Alexanders des Großen

8. Jh. v. Chr.
476 n. Chr.

Das antike Rom

Romulus und Remus wurden der Legende nach von einer Wölfin aufgezogen.

Legionärssandale

Für römische Legionäre, Berufssoldaten, waren die Ledersandalen (lat. *caligae*) ein wichtiger Teil ihrer Ausrüstung. Sie waren meist mit 80 bis 90 Eisennägeln beschlagen. Das sollte die Sandale vor Abnutzung schützen und gleichzeitig für Halt in unbefestigtem Gelände sorgen. Nicht zuletzt dank der Sandalen legten die Legionäre täglich erstaunlich große Marschstrecken zurück, was der römischen Armee einen großen Vorteil gegenüber Feinden einbrachte.

Machtzentrum Rom

Der Legende nach wurde Rom 753 v. Chr. an der Stelle gegründet, an der ein Hirte die ausgesetzten Zwillinge Remus und Romulus gefunden hatte. Tatsächlich entstand die Stadt auf den sieben Hügeln am Tiber ab dem 10. Jahrhundert v. Chr. aus kleineren Bauernsiedlungen. Der Volksstamm der Etrusker fasste sie im 8. Jahrhundert zu einer kleinen befestigten Stadt zusammen. 510 v. Chr. entstand daraus eine Republik (lat. *res publica* = öffentliche Sache), in der in der Regel das Volk die Regierenden wählt. Zwar gab es in Rom Volksversammlungen, doch die politischen Entscheidungen trafen letztlich wohlhabende und angesehene Bürger.

Das Römische Reich

Rom erlangte durch Kriege und Bündnisse die Macht über ganz Italien, bis zur Mitte des 2. Jahrhunderts v. Chr. auch über die gesamte Mittelmeerküste. Die römischen Legionen nahmen große Teile Europas, Nordafrikas und Kleinasiens ein: Ende des 1. Jahrhunderts n. Chr. erreichte das Römische Reich seine größte Ausdehnung.
27 v. Chr. wurde das Römische Reich zum Kaiserreich, mit Augustus als erstem Kaiser. Damals lebten in der Hauptstadt Rom etwa eine Million Menschen.

Im 4. und 5. Jahrhundert n. Chr. zerfiel das Römische Reich durch Machtkämpfe im Innern und Angriffe von außen. Es wurde 395 n. Chr. in ein Ost- und ein Westreich aufgeteilt. Mit der Absetzung des letzten Kaisers 476 n. Chr. endete das Weströmische Reich, das Oströmische Reich (Byzantinisches Reich) mit der Hauptstadt Konstantinopel (Byzanz) erst 1453, als die Türken es eroberten.

Das Römische Reich

Was man über das antike Rom noch wissen muss:

- Die Zeugnisse der römischen Kultur und ihrer Errungenschaften sind bis zum heutigen Tag in den verschiedenen Teilen des ehemaligen Römischen Reiches zu sehen. In vielen Ländern sind sie ein wichtiger Bestandteil der eigenen Kultur. Am auffälligsten sind die vielen römischen Bauwerke, wie z. B. das Kolosseum in Rom oder die Porta Nigra in Trier, die die Jahrtausende überdauert haben.
- Latein, die römische Sprache, war prägend für die Entwicklung von ca. 15 romanischen Sprachen, darunter Spanisch, Italienisch und Französisch.

MIT DER SCHMINKE DURCH DIE ZEIT

1

Mineralfarben

Den eigenen Körper mit Farben zu verzieren, ist vermutlich so alt wie die Menschheit selbst. Bereits vor Zehntausenden Jahren bemalten unsere Vorfahren ihre Gliedmaßen und ihr Gesicht mit farbigen Mineralien wie grünem Malachit oder rotem Hämatit. Diese Steine wurden zermahlen und mit anderen Materialien vermischt. Dann konnte man sie auf den Körper oder das Gesicht auftragen.

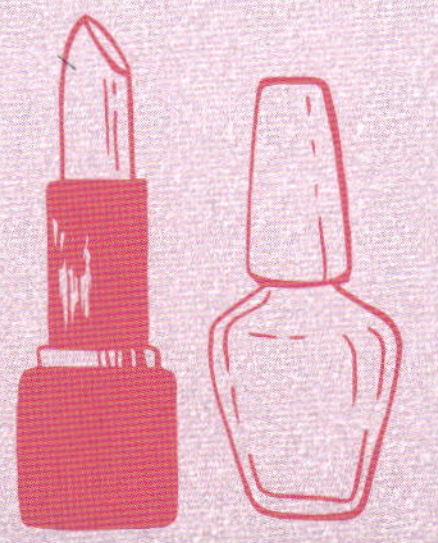

2

Khol

Im alten Ägypten war Körperpflege von besonderer Bedeutung. Sowohl Frauen als auch Männer schminkten sich. Zur Verehrung des Sonnengottes Ra, dem höchsten Gott in der ägyptischen Götterwelt, wurden die Augenlider mit Strichen extra stark betont. Hierzu verwendete man Khol, eine Mischung aus Ruß oder Holzkohle und Fett. Sie wurde in kleinen Töpfchen aufbewahrt und mit einem Stab aufgetragen. Andere Farben zum Schminken des Gesichts wurden aus farbigen Mineralien gewonnen.

Bleiweiß

Seit der Antike stellten die Menschen weiße Gesichtsschminke mithilfe von Metallverbindungen her. Besonders beliebt war Bleiweiß, da es sehr gut abdeckte. Im Mittelalter und in der Renaissance galt eine blasse Gesichtshaut vor allem bei Wohlhabenden als sehr vornehm. Bleiweiß konnte allerdings zu gesundheitlichen Schäden führen. Wer es ständig benutzte, dem konnten Zähne und Haare ausfallen und die Haut wurde geschädigt.

3

Chemische Schminke

Die chemische Industrie änderte ab etwa Mitte des 19. Jahrhunderts die Herstellung von Kosmetik und damit auch die der Schminke vollkommen. So wurde z. B. eine bleifreie Schminke entwickelt und 1883 auf der Weltausstellung in Amsterdam erstmals ein Lippenstift vorgestellt. Er war in Seidenpapier eingewickelt und bestand aus Rizinusöl, Hirschtalg und Bienenwachs. Um 1900 kam ein Lippenstift in einer Metallhülse auf den Markt. Er wurde nun rasch zum Symbol der Selbstbestimmtheit der Frauen.

6

4

5

Zinnober

Im 17. und 18. Jahrhundert galt es als chic, über die vornehme Blässe rote Schminke auf die Wangen zu tupfen und damit auch die Lippen zu betonen. Der rote Farbstoff dafür wurde aus dem roten Mineral Cinnabarit, auch Zinnober genannt, hergestellt und war bereits seit Tausenden von Jahren bekannt. Erst seit der Entdeckung Amerikas wurde in Europa auch das Karmin verwendet. Dieser rote Farbstoff ließ sich durch das Auskochen von Schildläusen aus Süd- und Mittelamerika gewinnen.

Bloodroot

Körper und Gesicht zu festlichen Anlässen oder zum Kampf zu bemalen, hat ebenfalls eine lange Tradition. Bekanntestes Beispiel dafür sind die amerikanischen Ureinwohner. Die geringschätzige Bezeichnung »Rothäute« geht übrigens nicht auf ihre tatsächliche Hautfarbe zurück. Vielmehr bemalten sie ihren Körper und ihr Gesicht zu bestimmten Anlässen mit roter Farbe. Neben rötlicher Erde nutzten sie vor allem den Saft von Pflanzen, die »bloodroot« und »redroot« heißen.

Römische Kultur und Technik

Winkelmesser

Bis zum heutigen Tag sind viele Zeugnisse der römischen Baukunst erhalten. Ein wichtiges Vermessungsinstrument beim Bau von Straßen, Gebäuden und Brücken war die Groma. Mit ihrer Hilfe konnte man rechte Winkel abmessen. Es war ein Stab, auf dem ein drehbares Achsenkreuz mit rechten Winkeln angebracht war. An diesem Kreuz hing an den vier Enden jeweils ein Senklot.

Stadtbau mit Winkelmesser

Auch beim Bau von Aquädukten kamen diese Instrumente zum Einsatz. Aquädukte waren brückenähnliche Konstruktionen zum Transport von Wasser. Insbesondere in größeren römischen Siedlungen oder Städten war die Versorgung mit Frischwasser ein Problem. Häufig musste dies über große Distanzen von den Quellen über Leitungen in die Städte gebracht werden. Die Aquädukte dienten dazu, Täler zu überwinden. Beim Bau dieser Wasserleitungen kam ein Vorläufer des modernen Betons zum Einsatz. Das »Opus caementitium« war sehr widerstandsfähig gegen Wasser.

Römische Hochkultur

Doch nicht nur in der Architektur und im Ingenieurswesen gelangen den Römern besondere Leistungen. Auch in der Literatur, der Kriegskunst, der Landwirtschaft, der Verwaltung, dem Rechtswesen und vielen anderen Bereichen zeichneten sie sich aus. Viele römische Schriften zu diesen Themen sind bis heute in Bibliotheken erhalten geblieben.

Das Römische Recht war geprägt durch eine verbindliche, da schriftlich niedergelegte Rechtsordnung. Damit war bereits eine Form der Rechtssicherheit für den Einzelnen gegeben. Viele Grundsätze der Römischen Rechtsordnung haben moderne Rechtsnormen beeinflusst. Gerade das moderne Zivilrecht ist immer noch stark vom Römischen Recht geprägt. Der Grundsatz »im Zweifel für den Angeklagten« (lat. *in dubio pro reo)* ist unmittelbar dem angewandten Römischen Recht entnommen.

Was man über die Errungenschaften der römischen Kultur noch wissen muss:

- Zahlreiche deutsche Wörter entstammen unmittelbar dem Lateinischen, u. a. schreiben (scribere), Schule (schola), Fenster (fenestra) usw. Auch alle Monatsnamen sind dem Lateinischen entnommen. Wir verwenden das lateinische Alphabet erweitert um vier Buchstaben.
- Als die Römer ihr Reich über die Alpen hinweg nach Germanien erweiterten, brachten sie auch viele Obstsorten mit. Zu diesen gehörten Birnen, Pflaumen, Kirschen und Pfirsiche.

Ab etwa 300 v. Chr.

Die Germanen

Pfahlgottheit

Bei Ausgrabungen im Siedlungsgebiet der Germanen in Nordwesteuropa werden immer wieder »Pfahlgötter« gefunden. Diese grob bearbeiteten Holzstämme stellen wahrscheinlich Gottheiten dar. Niemand weiß, wozu sie genau dienten, möglicherweise hatten sie eine religiöse Bedeutung und sollten Schutz geben oder Schaden abwehren.

Viele Stämme

Das meiste, was heute über die Germanen bekannt ist, stammt aus Berichten römischer Historiker. Sie waren es, die die verschiedenen Stämme in Nord- und Mitteleuropa überhaupt erst als »Germanen« zusammenfassten. Die Germanen selbst nannten sich nicht so. Sie bildeten keine große Gemeinschaft, sondern fühlten sich ihrem jeweiligen Stamm zugehörig, z. B. den Alemannen, Bajuwaren, Sueben, Franken, Friesen, Sachsen oder Goten. Streitigkeiten und Kriege unter ihnen waren keine Seltenheit.

Mittelpunkt eines germanischen Stammes war die Familie. Sie lebte meist mit mehreren Generationen gemeinsam in einem Langhaus. Angeschlossen an diese Unterkunft waren Stallungen für Nutztiere wie Schafe, Schweine, Rinder und Ziegen. Das Oberhaupt der Familie hatte für deren Schutz zu sorgen. Germanische Volksstämme siedelten in kleineren Dorfgemeinschaften. Sie lebten hauptsächlich als Bauern, die Getreide anbauten und Viehzucht betrieben. Unter ihnen gab es aber auch geschickte Handwerker und Händler.

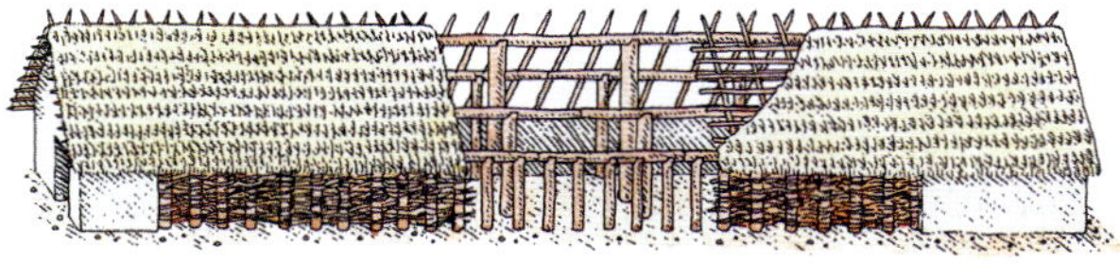
Langhaus

Volksversammlungen

An der Versammlung einer Gemeinschaft, dem sogenannten Thing, durften alle freien und kampffähigen Männer teilnehmen. Frauen waren ausgeschlossen. Das Thing wurde meist an geheiligten Stätten unter freiem Himmel abgehalten. Hier wurde das Oberhaupt gewählt, Entscheidungen über Krieg und Frieden getroffen sowie andere wichtige Dinge besprochen. An der Spitze eines Stammes stand in der Regel ein Häuptling.

Was man über die Germanen noch wissen muss:

- Die germanischen Stämme werden heute nach ihrer Sprache zusammengefasst. Diese germanischen Sprachen haben gemeinsame Kennzeichen und viele sind bis heute erhalten, wie etwa Englisch, Deutsch, Niederländisch und Schwedisch.
- Der germanische Stamm der Franken gründete in der Mitte Europas sein Reich. Durch Teilung im 9. Jahrhundert entstanden das Königreich Frankreich und das mittelalterliche Deutsche Reich. Diese Reiche waren die Vorläufer der Staaten Frankreich und Deutschland.

Germanischer Wagen

247–210 v. Chr.

Der erste Kaiser von China

Terrakotta-Krieger

Grabanlage

Der erste Kaiser von China, Qin Shihuangdi (»Erster erhabener Herrscher aus der Qin-Dynastie«), ließ bereits zu seinen Lebzeiten ein Mausoleum, ein großes Grabmal, und eine Grabanlage errichten. 1974 wurden Teile dieser Anlage von Bauern wiederentdeckt. Bei den nachfolgenden Grabungen stieß man auf 8000 Soldaten aus Terrakotta, die bunt bemalt und mit Waffen, Werkzeugen und Streitwagen ausgerüstet waren. Wahrscheinlich sollten sie den Kaiser im Jenseits bewachen.

Vom König zum Kaiser

Qin Shihuangdi wurde als Yin Zheng, Sohn des Königs von Qin, 259 v. Chr. geboren. Damals kämpften insgesamt sieben chinesische Königreiche um die Alleinherrschaft. Mit 13 Jahren bestieg Yin Zheng den Thron seines Vaters. Von 230–221 v. Chr. unterwarf er alle anderen Königreiche und fasste sie zu einem Reich zusammen. Yin Zheng wurde der erste Kaiser Chinas und nannte sich Qin Shihuangdi.

Chinesische Mauer

Große Reformen

Der Kaiser ließ sein Reich zentralisieren, d. h. alle politischen und wirtschaftlichen Entscheidungen wurden nun an einem Ort getroffen. Er teilte es in Verwaltungseinheiten ein, für die Beamte bis in die Dörfer hinein zuständig waren. Straßen und Kanäle wurden gebaut, um den Transport zu beschleunigen. Auch Maße und Gewichte wurden neu geordnet. Einheitliche Bronzemünzen mit einer viereckigen Aussparung in der Mitte wurden eingeführt. Die in Teilen bereits bestehende Große Chinesische Mauer wurde auf eine Länge von 4100 Kilometer unter Einsatz von etwa 300 000 Zwangsarbeitern ausgebaut, 700 000 errichteten die Grabanlage des Kaisers. Viele seiner Reformen und Bauvorhaben ließ der Kaiser mit grausamer Gewalt durchsetzen. Sein Tod 210 v. Chr. führte zu Aufständen im ganzen Reich. Seine Nachfolger konnten sich nicht behaupten.

Warum ist der erste Kaiser von China für die Geschichte der Menschheit von Bedeutung?

- Die Hochkultur des chinesischen Kaiserreichs hinterließ mit der Großen Chinesischen Mauer und der Grabanlage des ersten Kaisers Qin Shihuangdi eindrucksvolle Zeugnisse ihrer Schaffenskraft. Die Grabanlage des ersten Kaisers von China gehört seit 1987 zum UNESCO-Weltkulturerbe.
- Einige der von Qin Shihuangdi eingeführten Reformen und Neuerungen hatten noch bis zum Anfang des 20. Jahrhunderts Bestand. Dann wurde die Verwaltung des Landes nach modernen Maßstäben neu geordnet.

Kaiser Qin Shihuangdi

Die Völkerwanderung

Pferdegeschirr

Der Papst trifft sich mit Attila.

Das Pferd spielte im Alltag der Hunnen, eines Nomadenstamms aus Zentralasien, eine große Rolle. Nomaden sind Menschen, die nicht ständig an einem Ort wohnen, sondern umherziehen. Das Pferd war Nahrungsquelle (Fleisch und Milch) und Reittier gleichermaßen. Ihre Krieger kämpften vom Rücken der Pferde aus mit Pfeil und Bogen. Ein prachtvoll verziertes Pferdegeschirr war keine Seltenheit. Darüber hinaus ist über die Hunnen nur sehr wenig bekannt.

Gruppen statt Völker

Wann genau die Völkerwanderung begann und welche Hintergründe dabei eine Rolle spielten, konnte bis heute nicht eindeutig bestimmt werden. Fest steht jedoch, dass keinesfalls ganze Völker »wanderten«. Vielmehr handelte es sich wahrscheinlich nur um Gruppen von meist germanischen Kriegern mit ihren Familien. Sie sahen sich aus verschiedenen Gründen veranlasst, ihre Siedlungsgebiete zu verlassen. Diese Gruppen ließen sich in West-, Mittel- und Südeuropa auf dem Gebiet des Weströmischen Reiches nieder oder wurden dort zur Verteidigung der Grenzen des Reiches angesiedelt. Dabei entstanden innerhalb der Grenzen kleinere Reiche. Zu diesem Zeitpunkt war das Weströmische Reich durch Streitereien im Innern bereits entscheidend geschwächt und befand sich im Niedergang.

Die Hunnen kommen!

Die Hunnen drangen ab 375/376 n. Chr. nach Europa vor. Das gilt als Beginn des Prozesses der Völkerwanderung. 450 n. Chr. erstreckte sich das Hunnische Reich unter ihrem König Attila bereits von der Ukraine bis an die Donau und den Rhein. Als sie dann auch noch Gallien, das heutige Frankreich, erobern wollten, wurden sie von einem germanisch-römischen Heer in die Flucht geschlagen.

Der Einfall der germanischen Langobarden in Italien 568 n. Chr. wird als Ende der Völkerwanderung gesehen. Von den Königreichen, die im Gebiet des Römischen Reiches entstanden waren, blieben nur die der Westgoten, der Angelsachsen, der Franken und der Langobarden über einen längeren Zeitraum bestehen.

Warum ist die Völkerwanderung für die Geschichte der Menschheit von Bedeutung?

- Die aus der Völkerwanderung entstandenen germanisch-romanischen Königreiche beeinflussten sowohl politisch als auch kulturell große Teile des Mittelalters.
- Die Völkerwanderung markiert in der Geschichte für den nördlichen Mittelmeerraum sowie für West- und Mitteleuropa den Übergang zwischen Spätantike und Frühmittelalter.

1200 v. Chr. bis 375 n. Chr.

Antike

Antikes Griechenland

ab 8. Jhd. v. Chr.

Geburt von Siddhartha Gautama (Buddha)

(möglicherweise 563 v. Chr.)

Siddhartha wurde als Sohn eines Adligen im heutigen Nepal geboren. Mit 29 Jahren verließ er seine Familie und zog auf der Suche nach geistiger Erlösung als Bettelmönch umher. Mit 35 Jahren wurde er zum »Erwachten«, zum Buddha. Er glaubte, einen Weg erkannt zu haben, das menschliche Leiden zu überwinden und zum dauerhaften Glück zu gelangen. Seine Anhänger verbreiteten seine Lehren und begründeten die Weltreligion des Buddhismus.

Verwendung von Münzge

7. Jhd. v. Chr.

Buchstabenschrift

ab 1200 v. Chr.

1500 v. Chr.

1000 v. Chr.

Die Olympischen Spiele der Antike

776 v. Chr.

Ab dem Jahr 776 v. Chr. wurden die Spiele an der heiligen Stätte in Olympia abgehalten. Sie fanden alle vier Jahre statt. Teilnehmen durften nur freie Männer. Zunächst gab es einen Laufwettbewerb. Mit der Zeit nahm die Zahl der Wettbewerbe aber zu. Während der Spiele galt eine landesweite Waffenruhe, damit die Athleten unbehelligt anreisen konnten. 392 n. Chr. wurde die Durchführung der Spiele vom christlichen römischen Kaiser als heidnischer Brauch untersagt.

753 v. Chr.

Varusschlacht

(9 n. Chr.)

In den Jahren um Christi Geburt versuchten die Römer, das Gebiet rechts des Rheins, in dem viele germanische Stämme lebten, zu erobern. Nach anfänglichen Erfolgen kam es 9 n. Chr. zu einer verheerenden militärischen Niederlage. In der sogenannten Varusschlacht wurden die römischen Soldaten von germanischen Truppen geschlagen. Auch deshalb verzichteten die Römer in der Folge auf die dauerhafte Eroberung der rechtsrheinischen Gebiete.

Geburt Jesu

Jesus von Nazaret wurde um 4 v. Chr. in Galiläa, einer Landschaft im heutigen Israel, geboren. Ungefähr ab dem Jahr 28 zog er als Wanderprediger umher und sprach vom nahenden Reich Gottes. Um das Jahr 31 wurde er von den Römern gekreuzigt. Seine Anhänger bezeichneten ihn nach seinem Tod als Jesus Christus, den Sohn Gottes. Sie verbreiteten seine Lehren und begründeten so das Christentum.

Perserkriege

499 – 449 v. Chr.

Alexander der Große

356 – 323 v. Chr.

um 4 v. Chr.

Das römische Kaiserreich
(ab 27 v. Chr.)

Der römische Politiker und Heerführer Octavian wurde im Januar 27 v. Chr. der Ehrenname »Augustus« (dt.: der Erhabene) verliehen. Er war nun Alleinherrscher über das Römische Reich mit der Machtfülle eines Kaisers. Mit der Kaiserzeit begann ein neuer Abschnitt der römischen Geschichte. Theodosius I., der letzte römische Kaiser, der über das gesamte Reich herrschte, starb 395 n. Chr. Danach wurde das Reich geteilt. Es gab fortan zwei Kaiser.

500 v. Chr. | 250 v. Chr. | 250 n. Chr. | 500 n. Chr.

etwa 500 v. Chr.

221 v. Chr.

ab 375 n. Chr.

100 – um 750 n. Chr.

Chinesisches Kaiserreich

Völkerwanderung

Gründung Roms

Teotihuacán in Mexiko

Teotihuacán war die größte Stadt in Amerika vor der Entdeckung durch Kolumbus. Sie erlebte ihre Blüte als wirtschaftliches und kulturelles Zentrum in Mittelamerika zwischen 100 und 650 n. Chr. Um 750 n. Chr. wurde die Stadt von ihren verbliebenen Bewohnern verlassen. Heute ist Teotihuacán in weiten Teilen eine Ruinenstadt. Doch die eindrucksvollen Pyramiden, die ihre Bewohner errichtet haben, kann man immer noch bewundern.

Attische Demokratie

Die Mayakultur

Mayakalender

Die Maya beobachteten den Lauf von Sonne, Mond und anderen Sternen. Sie entwickelten daraus ein sehr kompliziertes Kalendersystem, das eigentlich aus drei Kalendern bestand und sowohl Grundlage für die Bestellung der Felder als auch für rituelle Zeremonien war. Interessant ist, dass auch bei den Maya ein Sonnenjahr 365 Tage hatte.

Hochkulturen vor der Entdeckung Amerikas

Zur Mayakultur gehörte eine Reihe von Völkern, die miteinander verwandte Sprachen benutzten. Das Siedlungsgebiet dieser Völker lag auf der mexikanischen Yucatan-Halbinsel und in angrenzenden Gebieten. Heute befinden sich dort Teile Mexikos sowie die Staaten Belize, Guatemala, Honduras und El Salvador.

Bereits für die Zeit um etwa 2000 v. Chr. gibt es Siedlungsspuren der Maya-Völker. Ihre kulturelle Hochphase begann um das Jahr 400 n. Chr. Es entstanden Städte mit mehreren Zehntausend Einwohnern. Heutige Großstädte wie Paris oder London waren zu diesem Zeitpunkt kaum mehr als Dörfer. In den Städten wurden große Gebäude errichtet. Besonders eindrucksvoll sind bis heute die pyramidenförmigen Tempel. In und auf ihnen wurden die Götter verehrt. Außerdem entwickelten sie ausgeklügelte Bewässerungssysteme, mit deren Hilfe sie eine sehr ertragreiche Landwirtschaft betrieben.

Das Ende einer Ära

Um etwa das Jahr 900 endete die Hochphase der Mayakultur. Die Städte wurden verlassen, die Menschen verschwanden. Die Bauweise änderte sich vollkommen. Es blieb bei kleinen Siedlungen und Gebäuden. Über die Gründe für den Niedergang kann bis heute nur spekuliert werden. Sehr wahrscheinlich war eine durch Klimaveränderung bedingte Dürre dafür verantwortlich.

Im 16. Jahrhundert eroberten die Spanier Mittelamerika und unterwarfen die Maya. Heute leben noch etwa 6 Millionen Nachfahren der Maya in Mittelamerika, viele von ihnen in Armut. Die vorhandenen Traditionen und Bräuche werden aber weiter gepflegt.

Maya-Nachfahrin

Was man noch über die Maya noch wissen muss?

- Bis zum heutigen Tag stößt man auf immer neue Maya-Stätten. Erst im Jahr 2018 haben Forscher mithilfe von Lasertechnik im Urwald von Guatemala eine riesige Maya-Stätte entdeckt.
- Die Maya-Schrift war die einzige voll entwickelte Schrift in Amerika. Gelesen wurde sie von oben nach unten. Die Bedeutung einiger Schriftzeichen ist bis heute unbekannt.

Maya-Tempel in Mexiko

Etwa ab 630 n. Chr.

مئذ يفرح المومنون بنصر الله ينص
يز الرحيم وعد الله لا يخلف الله وعده ولك
ثر الناس لا يعلمون يعلمون ظاهرا من الحيوة ال
عن الاخرة هم غافلون اولم يتفكروا في انف
لق الله السموات والارض وما بينهما الا
ل مسمى وان كثيرا من الناس بلقاي ربهم لك
يسيروا في الارض فينظروا كيف كان عا
من قبلهم كانوا اشد منهم قوة واثا
روها اكثر مما عمروها وجاتهم رس
ات فما كان الله ليظلمهم ولكن كا
وا ثم كان عاقبة الذين اساوا الس

Die Verbreitung des Islam

Der Koran

Der Prophet Mohammed

Der Koran ist die Heilige Schrift des Islam. »Koran« bedeutet »Lesung« oder »Vortrag«. Er enthält die Worte Allahs (Gottes) wie sie dem Propheten Mohammed (573–632) offenbart wurden. Sie forderten die Menschen auch dazu auf, zum einzig wahren Glauben, dem Islam, zu finden. Um die göttlichen Worte zu verbreiten, wurde der Koran vervielfältigt und verteilt.

Glaube an Allah

Im Jahr 610 offenbarte ein Engel Mohammed die Worte Gottes, was Mohammed zum Propheten machte: Er verkündete den Glauben an nur einen Gott, Allah, unter den Stämmen der Arabischen Halbinsel. Der Kreis seiner Anhänger wuchs, der Islam wurde aber zum Teil auch gewaltsam durchgesetzt. Als Mohammed 622 starb, hatte er den arabischen Stämmen durch den Islam eine gemeinsame Identität gegeben. In der Folge kam es zu weiteren Eroberungen: Die Araber unterwarfen das heutige Palästina und Syrien, Irak und Iran sowie den gesamten nordafrikanischen Raum.

Warum die Araber für die Weltgeschichte von Bedeutung sind:

- Den Arabern verdankt die Menschheit die Überlieferung vieler antiker griechischer Schriften. Sie wurden zunächst ins Arabische, später ins Lateinische übersetzt.
- Etwa 20 % des spanischen Wortschatzes gehen auf das Arabische zurück und auch viele deutsche Wörter, wie z. B. Kaffee, Orange, Pantoffel, Tasse, Zucker, Sofa und Matratze.

Der Islam in Europa

Im Jahr 711 setzten muslimische Eroberer auf die Iberische Halbinsel – dort liegen heute Spanien und Portugal – über und eroberten sie beinahe vollständig. Dass sie weiter in den Norden nach Mitteleuropa zogen, verhinderten die Franken.

Im 8. Jahrhundert gediehen auf der Iberischen Halbinsel Wissenschaft und Kunst, während das mittelalterliche Europa zu dieser Zeit noch wenig zivilisiert war. Kulturelles Zentrum der muslimischen Herrscher war Cordoba mit vielen führenden Gelehrten, zahlreichen Bibliotheken und prachtvollen Bauten. Juden und Christen, also Menschen anderen Glaubens, wurden toleriert.

Im 9. Jahrhundert schwächten innere Streitigkeiten das von den Muslimen besetzte Gebiet. Andere Völker bedrohten die Grenzen, ganze Regionen gründeten eigene Reiche. In Spanien begann die Reconquista. Dabei eroberten die Christen die Iberische Halbinsel zurück, was jedoch erst 1492 abgeschlossen war.

Die Alhambra in Andalusien

IM ÜBERBLICK

DIE 5 WELTRELIGIONEN

Judentum

Das Judentum ist die älteste der großen Weltreligionen. Der Urvater des jüdischen Glaubens ist Abraham. Er soll sich vor etwa 4000 Jahren von der Vielgötterei seiner Vorfahren abgewandt und stattdessen den Glauben an einen Gott verbreitet haben. Gott soll ihm dafür den Einzug seiner Nachkommen in das »Gelobte Land« – zu großen Teilen das heutige Israel – versprochen haben. Vor 3000 Jahren dann führte der Prophet Mose das jüdische Volk aus Ägypten durch die Wüste in eben jenes Land.

Im Zentrum des Judentums steht die Thora (dt.: Weisung). Nach der Überlieferung enthält sie die von Gott an Mose und das jüdische Volk gerichteten Worte. Sie beschreibt die Geschichte des jüdischen Volkes und enthält Regeln für ein gottgefälliges Leben. Das Gebetshaus der Juden ist die Synagoge. Im Mittelpunkt jeder Gemeinde steht ein Rabbiner. Er erläutert die göttlichen Gesetze und Traditionen und dient als Ratgeber und Seelsorger in den Gemeinden. Heute gibt es etwa 15 Millionen Juden weltweit. Die meisten von ihnen leben in den USA und in Israel.

Hinduismus

Mit beinahe einer Milliarde Anhängern ist der Hinduismus die drittgrößte der Weltreligionen. Der Großteil der Anhänger lebt in Indien. Der Hinduismus ist vor etwa 4000 Jahren entstanden. Einen zentralen Glaubensstifter gibt es jedoch nicht. Der Hindusimus ist keine einheitliche Religion, sondern vereinigt verschiedene Glaubensrichtungen unter einem Dach.

Gemeinsam ist allen Anhängern des Hinduismus der Glaube an eine göttliche Kraft, die alles lebendig werden lässt. Auch der Glaube an einen anhaltenden Kreislauf von Geburt, Tod und Wiedergeburt wird geteilt. Im Hinduismus gibt es nicht den einen Gott, sondern drei Hauptgötter und eine Reihe von Untergöttern. Es gibt keine zentrale Glaubensschrift, aber eine Vielzahl von Schriften, die für unterschiedliche Gruppen bedeutsam sind. Es existieren auch keine verbindlichen Ritualen oder Regeln. Gebetet wird vor den Standbildern der Götter oder in Tempeln.

Buddhismus

Der Religionsstifter Siddhartha Gautama wurde als Sohn eines Adligen im heutigen Nepal geboren. Mit 29 Jahren verließ er seine Familie und zog auf der Suche nach geistiger Erlösung als Bettelmönch umher. Mit 35 Jahren wurde er zum »Erleuchteten«, zum »Buddha«. Er glaubte, einen Weg erkannt zu haben, das menschliche Leiden zu überwinden und zum dauerhaften Glück zu gelangen. Seine Anhänger verbreiteten seine Lehren und begründeten die Weltreligion des Buddhismus.

Heute gibt es etwa 500 Millionen Buddhisten. Diese leben vor allem in Südostasien. Man unterscheidet verschiedene Ausprägungen und Arten des Buddhismus. Gemeinsam ist allen der Glaube an eine

WORTHERKUNFT >>RELIGION<<:

Das Wort *Religion* stammt von dem lateinischen Wort *religio*, das so viele bedeutet wie >>Sorgfalt<<. Im Bezug auf den Glauben meint es die >>gewissenhafte Beachtung von Vorschriften und Vorzeichen<<. Das Wort Religion bezieht sich im Deutschen auf keine konkrete Glaubensrichtung.

Wiedergeburt nach dem Tod. Das Ziel eines Buddhisten muss es jedoch sein, diesen Kreislauf zu durchbrechen. Damit dies gelingen kann, muss man einen Zustand des Glücks, das sogenannte »Nirwana«, erreichen. Buddhistische Mönche, die in Klöstern leben, praktizieren die richtige buddhistische Lebensweise als Vorbild für die Gläubigen. Diese können in Tempeln beten.

Christentum

Mit etwa 2,1 Milliarden Gläubigen ist das Christentum die größte der Weltreligionen. Es hat seinen Ursprung in dem Juden Jesus von Nazaret. Dieser zog als Wanderprediger mit seinen jüdischen Anhängern umher und berichtete von Gottes Liebe zu den Menschen. Man verhaftete ihn in Palästina wegen Gotteslästerung und kreuzigte ihn. Seine Anhänger bezeichneten ihn nach seinem Tod als Jesus Christus, den »Gesalbten« und Sohn Gottes. Wichtig für die Entstehung der christlichen Religion war die angebliche Überwindung des Todes durch Jesus Christus. Kurz nach der Kreuzigung soll er wieder auferstanden sein.

Die Heilige Schrift der Christen ist die Bibel. Sie ist unterteilt in das Alte Testament und das Neue Testament. Das Alte Testament enthält Schriften der Juden und zeigt die Verbindung zwischen Judentum und Christentum. Die Christen glauben daran, in Sünde zu leben. Nur Gott kann ihnen vergeben. Aus diesem Grund beten Christen. Eine wichtige Rolle im Christentum nehmen die Gottesdienste ein. In ihnen werden Gott und sein Sohn Jesus Christus verehrt. Es gibt zwei Hauptausprägungen des Christentums: die katholische und die evangelische Kirche.

Islam

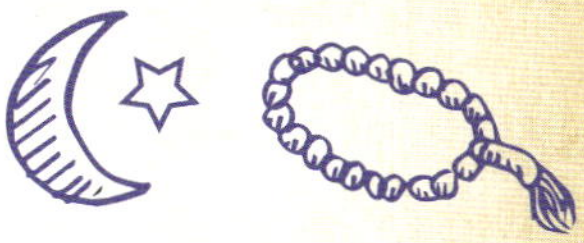

Im Jahr 610 offenbarte ein Engel dem Kaufmann und Karawanenführer Mohammed die Worte Gottes. Er forderte ihn auf, diese Worte zu verbreiten. Zentral war dabei der Glaube an nur einen Gott, Allah, neben dem es keine weiteren Götter geben könne. Bis zu seinem Tod im Jahr 632 erhielt Mohammed immer neue Offenbarungen. Als Prophet, ein Verkünder der göttlichen Worte, gewann Mohammed viele Anhänger. Rasch verbreitete sich der Islam auf der Arabischen Halbinsel und nach dem Tod Mohammeds auch in vielen angrenzenden Regionen.

Die Offenbarungen Gottes sowie Pflichten und Lehren wurden nach dem Tod Mohammeds im Koran, der Heiligen Schrift der Muslime, gesammelt. Das Leben der gläubigen Muslime wird vom Koran geprägt. Nur derjenige, der alle Vorschriften befolgt, kann nach dem Tod in das Paradies einziehen. Gemeinsam mit einem Imam, einem Vorbeter, können Muslime in einer Moschee beten.

KAROLVS

Karl der Große

Karlspreis-Medaille

Karl der Große

Der Internationale Karlspreis zu Aachen ist nach Karl dem Großen benannt. Er wird jährlich an Personen des öffentlichen Lebens verliehen, die sich um Europa und die Einigung der europäischen Staaten nach zwei Weltkriegen verdient gemacht haben. Auf der Medaille des Preises ist der erste Kaiser des Mittelalters abgebildet. Mit ihm versucht man, eine Brücke zwischen europäischer Vergangenheit und Zukunft zu schlagen.

Ein riesiges Reich

Nach dem Tod des Vaters und fränkischen Königs Pippin III. bestieg Karl zusammen mit seinem Bruder 768 den Thron, 771 wurde Karl alleiniger König des Fränkischen Reiches. Es umfasste das heutige Frankreich, Belgien, Holland, Gebiete an Rhein, Main und der Mosel sowie Württemberg und Thüringen. Karl erweiterte es rasch nach Osten. Auf dem Höhepunkt seiner Macht reichte das Fränkische Reich von den Pyrenäen bis nach Ungarn und von der Nordsee bis nach Mittelitalien. Bereits am 25. Dezember 800 hatte der Papst Karl zum Kaiser gekrönt.

Warum ist Karl der Große für die Geschichte Europas von Bedeutung?

- Die Erweiterung und Festigung des Fränkischen Reichs unter Karl dem Großen bedeutete das Ende der germanischen Reiche der Völkerwanderungszeit.
- In Karls Reich verschmolzen das antike Erbe, die christliche Glaubenswelt und die germanischen Traditionen. Damit prägte er die Entwicklung Europas entscheidend.

Aufschwung und Teilung

Bildung, Dichtung und Baukunst wurden unter Karl dem Großen ebenso gefördert wie politische Reformen. Viele große Gelehrte der Zeit waren an seinem Hof versammelt. Mönche fertigten Abschriften von wichtigen römischen Texten an, die so der Nachwelt erhalten blieben. Die Verwaltung ordnete der Kaiser neu. Er setzte Grafen für jeweils ein bestimmtes Gebiet ein, die so das Reich sicherten. Gesetze, Verordnungen und Steuern wurden niedergeschrieben und damit nachvollziehbar gemacht.

Am 28. Januar 814 starb Karl der Große in Aachen. Sein Reich erbte erst sein Sohn Ludwig der Fromme, 843 seine drei Enkel. Sie teilten es unter sich auf: Karl der Kahle erhielt den westlichen Teil des Reiches, Ludwig der Deutsche den östlichen Teil und Lothar die Mitte mit Italien. Aus diesen drei Reichen entstanden später das Königreich Frankreich und das Heilige Römische Reich.

Dom in Aachen

Die Wikinger

Wikingerschild

Wikingerschiff

Die Schiffe der Wikinger waren für Jahrhunderte ihre wichtigste Waffe. Sie waren leicht und schnell. Man konnte mit ihnen sowohl segeln als auch rudern. Dazu hatten sie einen geringen Tiefgang. So war es möglich, Flussläufe hinaufzufahren und dadurch weit ins Binnenland vorzustoßen.

Wilder Haufen

Als »Wikinger« wurden Angehörige ganz unterschiedlicher, meist germanischer Stämme in Skandinavien (Norwegen, Schweden, Dänemark) bezeichnet, die sich mit ihren Schiffen auf Beutezüge begaben. Es waren anfangs nur lose Gruppen junger Männer, die gemeinsam und schwer bewaffnet fremde Küsten anliefen und dort ganze Dörfer und Siedlungen blitzartig überfielen und ausraubten. Sie wollten so zu Wohlstand gelangen, denn das Leben als Bauern in ihrer Heimat war beschwerlich, die Ackerböden warfen kaum Erträge für die vielen Menschen ab. Mit ihren Plünderungen versuchten die Wikinger, die Lebensumstände für sich und ihre Familien zu verbessern.

Kampfbereit

Die Wikingerzeit begann in etwa mit dem Überfall auf das Kloster Lindisfarne an der Nordostküste Englands im Jahr 793. Später weiteten die Wikinger ihre Raubzüge bis ins Mittelmeer und ins Schwarze Meer aus. Sie plünderten u.a. Paris, Köln und Sevilla, gründeten neue Städte und eroberten ganze Regionen (u.a. die Normandie, Sizilien und Süditalien).

Im 11. Jahrhundert endete die Wikingerzeit. Dänemark, Schweden und Norwegen waren zu mächtigen Königreichen und viele Wikinger sesshaft oder Christen geworden. Einen der letzten Kämpfe führten Nachfahren der Wikinger, nordfranzösische Normannen unter Herzog Wilhelm, mit der Schlacht bei Hastings (England) 1066. Sie besiegten König Harald II., der in einem Großteil Großbritanniens herrschte, und eroberten so dessen Reich.

Alte Münzen

Was man über die Wikinger noch wissen muss:

- Die Wikinger haben schon etwa 500 Jahre vor Christoph Kolumbus den amerikanischen Kontinent entdeckt. Leif Eriksson betrat um das Jahr 1000 die Insel Neufundland vor der Küste des heutigen Kanadas. Leif nannte seine Entdeckung »Vinland«.

- Die Wikinger waren auch erfolgreiche Händler. Eines ihrer wichtigsten Handelsgüter waren Sklaven. Dabei handelte es sich um Menschen, die sie auf ihren Beutezügen gefangen genommen hatten. Sie wurden von den Wikingern bis in den Orient gehandelt und dabei gegen Waren getauscht.

Die Ritter

Helm

Die Ritter des Mittelalters trugen meist eine Rüstung aus Eisen. Zu ihr gehörte auch ein Helm. Er war sehr wichtig, weil er Stöße und Schläge gegen den Kopf abmilderte. Im Spätmittelalter gab es Helme mit hochklappbaren Visieren, was das Atmen erleichterte. Der große Nachteil vieler Helme waren die oft nur kleinen Sichtöffnungen. Durch sie wurde die Übersicht auf das Schlachtgetümmel sehr stark eingeschränkt.

Ein Mann, ein Pferd

Ein Ritter ist ein Kämpfer auf einem Pferd. Schon im 8. Jahrhundert setzten fränkische Könige sogenannte Panzerreiter erfolgreich im Kampf gegen die Araber ein. Ihr Unterhalt war aber sehr teuer, nur Wohlhabende konnten sich die Ausrüstung leisten. Deshalb ging der Landesherr mit den Reitern ein Lehnsverhältnis ein: Er lieh ihnen Ländereien, die von Bauern bewirtschaftet wurden. Mit dem Einkommen daraus bestritten die Reiter ihren Lebensunterhalt und finanzierten die Ausrüstung. Im Gegenzug schworen die Reiter ihrem Lehnsherren Treue, Rat und militärische Gefolgschaft. Aus diesen Reitern bildete sich der Stand der Ritter heraus.

Wer Ritter werden wollte, begann mit sieben Jahren als Page und erhielt Unterrichtet z. B. in sportlichem Wettkampf, Gesang und höfischem Leben. Mit 14 wurde man Knappe, mit 21 durch die Schwertleite oder den Ritterschlag Ritter.

Ritterspiele

Viele Ritter nahmen an Turnieren, Kampfspielen mit festen Regeln, teil. Dabei konnten sie ihre Kampftechniken üben. Im Einzelkampf etwa versuchten zwei Ritter, sich mit langen Lanzen aus dem Sattel zu stoßen. Oder es traten zwei Rittergruppen gegeneinander mit scharfen oder stumpfen Waffen an.

Im 14. Jahrhundert verfiel das Rittertum aufgrund der Geldwirtschaft. Statt Land zu verleihen, bezahlten Herrscher Kämpfer nun mit Bargeld. Die sogenannten Söldner bildeten Heere auf Zeit. Auch neue Schusswaffen und Kampftechniken machten Ritter überflüssig.

Aufbruch ins Heilige Land

Was man über die Ritter noch wissen muss:

- Im späten Mittelalter waren die Rüstungen so schwer geworden, dass die Ritter nur mit einem Seilzug aufs Pferd kamen. Im Kampf aus dem Sattel gefallen, waren die Ritter hilflos.
- Die Ritter des Hochmittelalters pflegten den Minnedienst. Dabei verehrten sie voller Hingabe eine adlige Frau in dem Wissen, nie erhört zu werden: Es sollte sie zu tugendhafteren Menschen machen.

962 – 1806 n. Chr.

Das Heilige Römische Reich

Die Reichskrone

Die Reichskrone trugen die Könige und Kaiser des Heiligen Römischen Reiches. Die meisten der römisch-deutschen Könige wurden mit ihr gekrönt. Die Krone gehörte wie das Reichskreuz und die Heilige Lanze zum Reichsschatz.

Historisch gewachsener Verband

Das Heilige Römische Reich entstand aus dem Ostfränkischen Reich. Es war ein lockerer Verband von etwa 150 Herrschaftsbereichen in Mitteleuropa und Teilen des heutigen Italiens mit einem König bzw. Kaiser als Oberhaupt. Der Kaiser wurde in Rom vom Papst gekrönt. Zuvor musste er jedoch zum König gewählt werden, was durch eine kleine Gruppe mächtiger Reichsfürsten erfolgte. Nach dieser Wahl kam die Königskrönung. Anders als in Frankreich oder England übte der Kaiser keine absolute Herrschaft aus. Für Feldzüge und wichtige politische Entscheidungen brauchte er die Unterstützung der wichtigen Landesfürsten. Da diese stark ihre eigenen Interessen verfolgten, wurde die Machtposition des Kaisers immer schwächer.

Kaiserwappen

Münze aus der Kaiserzeit

Auflösung nach 844 Jahren

Mit der Krönung Ottos I. zum römisch-deutschen Kaiser im Jahr 962 entstand das »Heilige Reich«. Es wurde so genannt, um den Herrschaftsanspruch als von Gott gewollt zu rechtfertigen. »Römisch« kam hinzu, weil man sich, wie bereits Karl der Große, in der Tradition der römischen Kaiser und des Römischen Reiches sah. Erst im 15. Jahrhundert kam die Bezeichnung »Heiliges Römisches Reich Deutscher Nation« auf. Die Grenzen des Reiches veränderten sich im Lauf der Jahrhunderte häufig, es gab nie ein festes Territorium.

Mit der durch den französischen Kaiser Napoleon Bonaparte angeregten Gründung des Rheinbunds im Jahr 1806 war das Ende des Heiligen Römischen Reiches gekommen. Einige Staaten traten aus dem Reichsverband aus. Daraufhin legte Kaiser Franz II. die Kaiserkrone nieder, blieb aber Kaiser von Österreich.

Warum ist das Heilige Römische Reich Deutscher Nation von Bedeutung?

- Das Heilige Römische Reich Deutscher Nation war jahrhundertelang das größte Reichsgebilde in Europa seit dem Untergang des Römischen Reiches.
- Die starke Rolle der Landesfürsten im Reich begünstigte die Ausbildung einflussreicher Staaten, die sich im Lauf der Jahrhunderte auch vom Einfluss der Kirche lösen konnten.

Die Kreuzzüge ins Heilige Land

Schild eines Kreuzfahrers

Das Zeichen der Kreuzfahrer war das Kreuz. Alle, die am Kreuzzug teilnahmen, trugen es an ihrer Kleidung. Sie kämpften im Namen Christi und des Kreuzes, um die heiligen Stätten in Palästina zu befreien und den christlichen Gläubigen den Zugang zu ihnen zu ermöglichen.

»Heiliger Krieg«

Papst Urban II. rief 1095 zum ersten Kreuzzug ins Heilige Land auf, das von Muslimen besetzt war. Viele Ritter folgten dem Aufruf, die einen, um Sündenablass und Seelenheil zu erwerben, die anderen, um Reichtümer, Macht und Land anzuhäufen. 1099 wurde Jerusalem von den Rittern erobert, viele muslimische und jüdische Einwohner starben dabei. 1100 wurden das Königreich Jerusalem sowie die Kreuzfahrerstaaten Edessa, Antiochia und Tripolis gegründet. Bis 1270 fanden insgesamt sieben Kreuzzüge statt.

1187 nahmen die Truppen des Sultans Saladin Jerusalem wieder ein. Der deutsche Kaiser Friedrich I. Barbarossa machte sich 1189 mit einem Heer zu einem dritten Kreuzzug auf, um die Stadt zu befreien. Er ertrank jedoch 1190 unterwegs im Fluss Saleph in der heutigen Türkei. Der deutsche Kaiser Friedrich II. handelte 1229 beim fünften Kreuzzug eine Übergabe Jerusalems an die Christen aus. Doch 1244 ging Jerusalem den Christen endgültig verloren, später auch die Kreuzfahrerstaaten und mit dem Fall der Stadt Akkon 1291 die letzte Festung der Kreuzfahrer im Heiligen Land.

Kultur als Mitbringsel

Die Kreuzzüge waren kein Erfolg: Jerusalem konnte nicht dauerhaft geschützt werden, Hunderttausende Menschen verloren ihr Leben und die Kluft zwischen Christen und Muslimen vergrößerte sich. Doch es fand ein kultureller Austausch statt: Europa lernte Vorstellungen und Ideen des Orients kennen, so auch die Verwendung der indisch-arabischen Ziffern. Bis dahin unbekannte Früchte und Gewürze wurden beliebt, was den Orienthandel stark förderte und Wohlstand vor allem in die oberitalienischen Hafenstädte brachte.

Belagerung von Jerusalem

Markt in Jerusalen

Was man noch über die Kreuzzüge wissen muss:

- Die Kreuzzüge waren nicht nur dem Adel bzw. den Rittern vorbehalten. 1212 gab es den sogenannten Kinderkreuzzug, mit Tausenden von Kindern, Jugendlichen und Erwachsenen aus Frankreich und Deutschland. Der Kreuzzug scheiterte jedoch bereits am Mittelmeer. Nur wenige Teilnehmer kehrten zurück.

12./13. Jh. n. Chr.

Die ersten Universitäten

Buch

Keine Universität ohne Bücher! Und doch wurden sie an den Hochschulen des Mittelalters nur selten verwendet, denn sie waren zu kostbar. Die Hochschullehrer diktierten aus einem Buch oder hielten einen freien Vortrag und die Studenten machten sich Notizen. Erst nach der Erfindung des Buchdrucks mit beweglichen Lettern konnten Studierende sich Bücher leisten.

Lerngemeinschaft

Universitäten sind eine europäische Schöpfung. Sie gingen aus den Dom- und Klosterschulen des Mittelalters hervor und wurden meist von der Kirche gegründet. Die Universität von Bologna war 1088 sehr wahrscheinlich Europas erste Hochschule. Vorbild für den Aufbau vieler weiterer wurde jedoch die Anfang des 13. Jahrhunderts gegründete Universität in Paris.

Die Universitäten hatten in der Regel anfangs keine festen Gebäude, im Vordergrund stand die Gemeinschaft der Lehrenden und Studierenden. Unterrichtet wurde dort, wo Platz war. Für ein Studium brauchte man keinen Schulabschluss und so begannen viele – hauptsächlich Jungen aus wohlhabenden Bürgerfamilien – das Studium bereits als Kinder. Unterrichtssprache war jahrhundertelang ausschließlich Latein.

Universität Bologna

Grund- und Spezialwissen

Im ersten Teil eines Studiums wurden mit den »sieben freien Künsten« die Grundlagen erlernt, darunter Grammatik und Geometrie. Wer die Prüfung bestand, begann mit dem eigentlichen Studium in einem der drei Studiengänge Rechtswissenschaft, Theologie oder Philosophie. Am Ende des Studiums stand der Magister- oder Doktortitel.

In der Frühen Neuzeit Ende des 14. Jahrhunderts begannen die weltlichen Landesherren, Universitäten zu gründen, oder übernahmen bestehende Hochschulen. Für ihre stetig wachsenden Verwaltungen brauchten sie gut ausgebildete Beamte und Juristen. Es kamen neue Studienfächer und Studieninhalte hinzu. Ein Uni-Abschluss brachte gesellschaftliche Anerkennung und sozialen Aufstieg.

Ein Priester lehrt Theologie.

Was man über die Universitäten im Mittelalter noch wissen muss:

- Die erste Universitätsgründung auf dem Gebiet des Heiligen Römischen Reiches ist die Karls-Universität in Prag. Sie entstand 1348. Im deutschsprachigen Raum sind es Wien 1365 und Heidelberg 1386.
- Universitäten werden auch als »Alma Mater« (lat. für »nährende Mutter«) bezeichnet. Sinngemäß sollen an ihnen die Studierenden mit Wissen »gefüttert« werden.

MIT DER HOSE DURCH DIE ZEIT

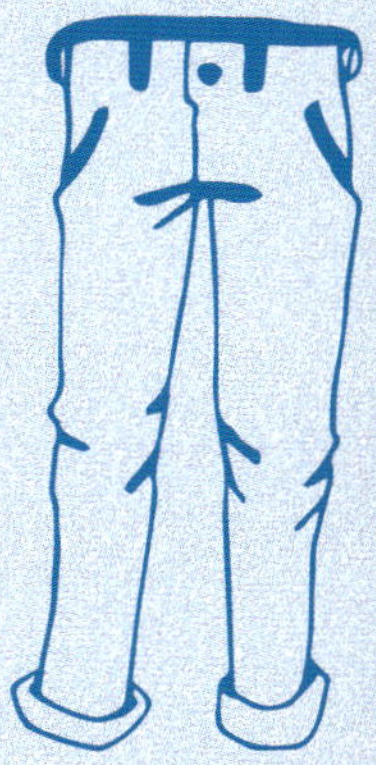

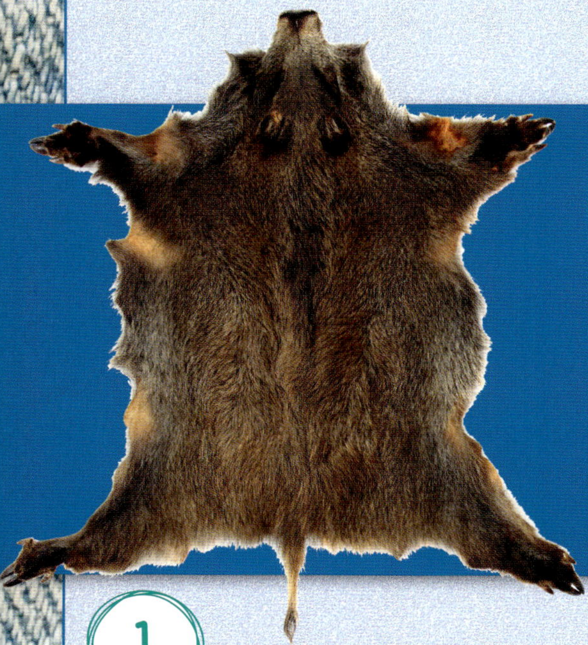

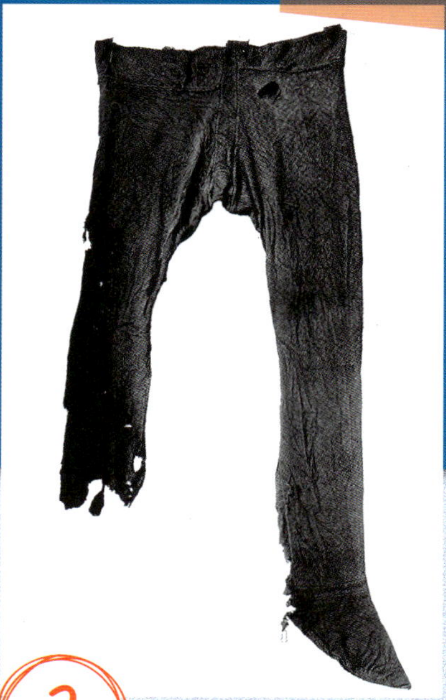

1

Tierfelle

Schon vor Zehntausenden Jahren schützten sich die Menschen vor Kälte und Hitze durch Kleidung. Anfangs bestand sie wohl aus kaum bearbeiteten Tierfellen, die um Oberkörper oder Beine gewickelt wurden. Verschiedene Methoden der Fellbearbeitung machten später Felle oder Tierhäute geschmeidig: Die Kleidung ließ sich besser an den Körper anpassen. Und mit Erfindung der Nähnadel vor etwa 50 000 Jahren konnte sie auch geschlossen werden.

2

Erste Hose

Die Nutzung des Pferdes als Reittier trug zur Erfindung der Hose bei: In ihr konnte ein Reiter lange Strecken zurücklegen, ohne sich an den Beinen wund zu scheuern. Die ersten Hosenträger waren um 1000 v. Chr. wahrscheinlich asiatische Reiternomaden. Um 750 v. Chr. trugen auch Angehörige germanischer Stämme bereits knöchellange Hosen. Festgehalten wurden sie durch einen Gürtel oder eine Schnur um die Taille. Römer und Griechen lehnten die Hose als unzivilisiert ab. Sie hüllten sich stattdessen in weite und lange Stoffbahnen.

Beinlinge

[I]m späteren Mittelalter kamen sogenann[ten di]e Beinlinge in Mode und waren bald weit [v]erbreitet. Zuvor hatte man sich die Beine u.a. mit Binden umwickelt. Die Beinlinge wurden mit Bändern oder Schnüren an der Bruoch, einer mittelalterlichen Unterhose, befestigt. Wollte man mit den Beinlingen in Freie gehen, zog man darüber einfach hohe Stiefel an. Die Beinlinge waren Vor[l]äufer von Hose und Strumpfhose.

3

Kniebundhose

Die Kniebundhose oder französisch »Culotte« war die typische Männerhose des späten 17. und des 18. Jahrhunderts und auch Teil der Soldatenuniformen. Je nach sozialem Stand wurde sie aus den unterschiedlichsten Materialien hergestellt. Wer viel Geld hatte, konnte sich teure Stoffe leisten. Unterhalb des Knies trugen die Männer lange Strümpfe oder hohe Stiefel. Im Frankreich des späten 18. Jahrhunderts standen die Culottes für den Adel. Deshalb trugen die Revolutionäre aus der Arbeiterschaft während der Französischen Revolution (1789–1799) ihre langen Arbeitshosen und nannten sich »Sansculottes«, was so viel bedeutet wie »ohne Kniebundhose«.

4

5

Jeans

Der Schneider Jacob Davis (1834–1908) stellte Anfang der 1870er-Jahre mit Nieten verstärkte Hosen her. Um sie in größeren Stückzahlen herstellen zu können, tat er sich mit dem Stofflieferanten Levi Strauss (1829–1902) zusammen. Aus Denim gefertigt, einem blau gefärbten, groben Baumwollstoff, war sie besonders haltbar: Die Jeans wurden als Arbeitshosen ein großer Erfolg in den USA. US-Soldaten machten sie nach dem Zweiten Weltkrieg in Europa beliebt. In den 1950er- und 1960er-Jahren drückten sie das Lebensgefühl einer ganzen Jugendgeneration in Europa und Amerika aus. Bis heute ist die Jeans-Hose eines der beliebtesten Kleidungsstücke überhaupt.

6

Pumphosen

Hosen für Frauen? Das war lange Zeit undenkbar. Ende des 19. Jahrhunderts trugen die ersten Radfahrerinnen trotzdem Hosenröcke oder Pumphosen. Als 1911 in Paris einige Frauen zu öffentlichen Anlässen Hosenkleider trugen, kam es zu wahren Menschenaufläufen. Den Durchbruch für die Frauenhose brachte der Erste Weltkrieg. Viele Frauen arbeiteten in Fabriken, wo sie Arbeitsanzüge, sogenannte Overalls, oder in der Verwaltung auch Uniformen trugen. Ansonsten herrschte im öffentlichen Leben weiter »Rockzwang«. Populär wurde die »Männerhose« für Frauen in den 1930er-Jahren durch Marlene Dietrich (1901–1992), die »Marlenehose« ist bis heute – wo das Hosentragen für Frauen in weiten Teilen der Welt ganz selbstverständlich ist – beliebt.

Die Magna Charta

Große Urkunde der Freiheiten

Um im Mittelalter sicherzugehen, dass wichtige Beschlüsse auch im ganzen Land bekannt gemacht wurden, fertigte man von wichtigen Schriftstücken mehrere Kopien an. Man sendete sie dorthin, wo sie gesehen werden sollten. Von der Magna Charta (eigentlich Magna Charta Libertatum, was so viel wie »große Freiheitsurkunde« heißt) wurden mindestens zwölf Kopien angefertigt. Vier davon sind bis heute erhalten geblieben.

Kontrolle des Königs

Von 1199 bis 1216 regierte Johann Ohneland als König von England. Er war allerdings nicht sehr erfolgreich und beutete zudem Adel und Kirche rücksichtslos aus. Die wehrten sich gegen die Willkürherrschaft des Königs und es drohte ein Bürgerkrieg. Um ihn zu vermeiden, unterzeichnete Johann Ohneland im Juni 1215 die Magna Charta Libertatum. Sie verpflichtete den englischen König dazu, zugunsten des Adels umfangreiche Zugeständnisse zu machen. In zunächst 63 Artikeln wurden die genauen Bestimmungen festgehalten und die Allmacht des Königs wurde dabei stark eingeschränkt. Viele Entscheidungen konnte er ohne Zustimmung der Adligen nicht mehr alleine treffen.

Johann Ohneland

Die Unterzeichnung der Magna Charta

Freiheit und Menschenrechte

Viel bedeutender waren jedoch die langfristigen Folgen dieser Vereinbarung. Nicht nur war es der erste Schritt hin zur Entstehung der sogenannten konstitutionellen Monarchie, in der ein Monarch durch eine Verfassung in seiner Macht beschränkt wird. Es war vielmehr auch die Formulierung grundlegender Freiheitsrechte für jeden Menschen. Es wurde das Recht auf ein ordentliches Gerichtsverfahren ebenso festgehalten wie ein Verbot unverhältnismäßiger Bestrafung und einer willkürlichen Besteuerung.

Die Regelungen der Magna Charta fanden in Teilen u. a. ebenso Eingang in die amerikanische Verfassung wie in die französische Verfassung nach der Revolution von 1789. Sie bereiteten damit ganz entscheidend den Weg für allgemeine Menschenrechte und die moderne Demokratie.

Warum ist die Magna Charta für die Geschichte der Menschheit von großer Bedeutung?

- **Die Magna Charta gilt als eines der wichtigsten rechtlichen Dokumente bei der Entwicklung der modernen Demokratie. Die Allgemeine Erklärung der Menschenrechte der Vereinten Nationen von 1948 wird als Magna Charta für die ganze Menschheit bezeichnet.**

Ab dem frühen 14. Jh. n. Chr.

Sultan Mehmed

Das Osmanische Reich

Der Jatagan

Der osmanische Säbel ist nach einer Stadt im Südwesten der heutigen Türkei benannt. Diese einschneidige Waffe war Teil der Ausrüstung der Janitscharen, Leibwächter des osmanischen Sultans und seine Eliteeinheit.

Der Aufstieg

Die Dynastie der Osmanen wurde um 1300 durch Osman I. (1258–1326) begründet. Er herrschte zunächst nur über ein kleines Gebiet im heutigen Anatolien, dem asiatischen Teil der Türkei. Osman gehörte einem aus Asien stammenden Nomadenstamm an. Er eroberte Kleinasien und erweiterte von dort aus stetig seinen Einflussbereich. 1453 eroberten die Osmanen unter Sultan Mehmed II. (1432–1481) die Hauptstadt des christlichen Oströmischen Reiches Konstantinopel (das heutige Istanbul). Mehmed machte die Stadt zu seiner Hauptstadt und führte das Reich zur kulturellen Blüte.

Im 16. und 17. Jahrhundert eroberten die Osmanen große Teile Südosteuropas. Dabei gerieten sie in den Einflussbereich der Habsburger, die seit 1438 nahezu durchgehend die Kaiser des Heiligen Römischen Reiches stellten. Ihr Herrschaftsgebiet umfasste das heutige Österreich sowie Teile Südosteuropas. Ihre Residenzstadt Wien wurde 1529 von einer osmanischen Armee belagert, konnte jedoch nicht von ihr erobert werden. Zum Zeitpunkt seiner größten Ausdehnung erstreckte sich das Osmanische Reich vom heutigen Ungarn bis Ägypten und vom Persischen Golf bis zur Ägäis.

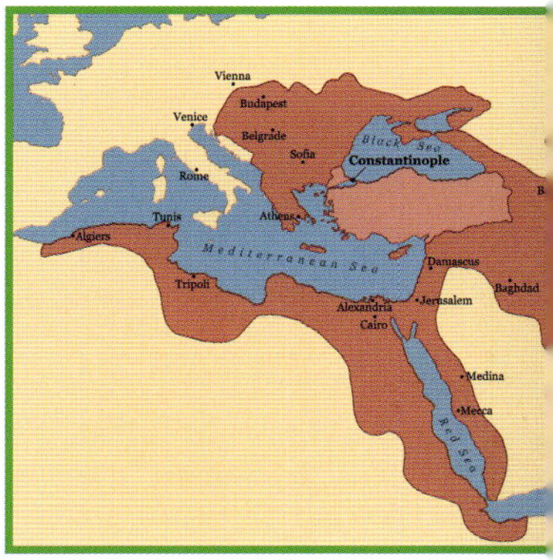

Das Osmanische Reich vor der Eroberung der iberischen Halbinsel

Der Niedergang

Nach dem Ende des Dreißigjährigen Krieges stießen die Osmanen erneut nach Mitteleuropa vor. 1683 belagerten sie Wien, wurden jedoch zurückgeschlagen. In einer Reihe von Kriegen wurde danach der Einfluss des Osmanischen Reiches auf dem Balkan zurückgedrängt. Im 18. und 19. Jahrhundert gingen große Gebiete verloren. Im Ersten Weltkrieg ging das Osmanische Reich ein Bündnis mit dem Deutschen Reich ein. Die Niederlage und das Kriegsende 1918 führten zu seiner Zerschlagung. 1922 wurde das Sultanat abgeschafft und 1923 als Nachfolgestaat die Republik Türkei gegründet.

Was man über das Osmanische Reich noch wissen muss:

- Die Hagia Sophia ist eine im 6. Jahrhundert erbaute ehemalige Kirche in Istanbul. Nach der Eroberung der Stadt 1453 wurde sie umgebaut und zur Moschee umgewidmet. Seit 1934 ist das Gebäude ein Museum.
- Im Jahr 1683 wurde Wien von einer konfessionsübergreifenden Armee befreit. Das war so kurz nach dem Ende des Dreißigjährigen Krieges, einem Religionskrieg, bemerkenswert.

Hagia Sophia

1346 – 1353 n. Chr.

Die Pest im Mittelalter

Flöhe bringen den Tod

Ratten und Flöhe waren für die Verbreitung der Pest maßgeblich verantwortlich. In der Regel waren die Ratten mit dem Pesterreger befallen. Die auf den Ratten lebenden Flöhe übertrugen den Erreger auf die Menschen. In den dicht bevölkerten mittelalterlichen Städten konnte sich die Krankheit rasend schnell verbreiten. Wenige Tage nach dem Flohbiss schwollen die Lymphknoten der Menschen stark an. Diese »Beulen« konnten sich blau-schwarz verfärben. Auf Fieber und Schüttelfrost folgte schließlich der Tod.

Pestmaske – sie sollte vor Ansteckung schützen.

Der schwarze Tod

Der Pesterreger kam aus Asien über die Handelsstraßen und Seehäfen nach Europa. Ausgangspunkt für den »Schwarzen Tod«, die große europäische Pestepidemie im 14. Jahrhundert, war wahrscheinlich Messina auf Sizilien. Von hier aus verbreitete sich der Erreger über den See- und Landweg. Zwischen 1346 und 1353 starben etwa 25 Mio. Menschen. Das war fast ein Drittel der gesamten europäischen Bevölkerung zu dieser Zeit. In den deutschen Fürstentümern starb etwa jeder Zehnte. Auch in den folgenden Jahrhunderten gab es immer wieder Ausbrüche der Pest. In Europa sind Anfang des 18. Jahrhunderts die letzten Ausbrüche belegt.

Suche nach den Ursachen

Ein Mittel gegen die Pest kannten die Ärzte nicht. Man ging davon aus, es sei »eine Strafe Gottes« für ein vergangenes Fehlverhalten. Auch ungünstige Planetenkonstellationen und üble Gerüche wurden als Auslöser vermutet. Gerne suchte man auch nach Sündenböcken, die man für die Katastrophe verantwortlich machen konnte. Immer wieder wurden Juden beschuldigt. Es kam in ganz Europa zu Ausschreitungen, denen viele Juden zum Opfer fielen.

Neben der Pest waren auch andere Krankheiten für den Tod vieler Menschen im Mittelalter verantwortlich. Zu ihnen gehören u. a. die Lepra, der Typhus und die Ruhr.

Was man über die Pest noch wissen muss:

- Bereits in der Bronzezeit muss es Pestepidemien gegeben haben. Sowohl im Alten Ägypten als auch im Antiken Griechenland und im Römischen Reich sind Ausbrüche der Pest belegt. Auch in Asien finden sich in der Geschichte zahlreiche Ausbrüche.
- Die Pest ist nicht ausgerottet. Immer wieder gibt es Meldungen von Pestausbrüchen. Betroffen sind vor allem Regionen auf der Erde, in denen schlechte hygienische Bedingungen herrschen. In der Regel leben dort die Ärmsten der Armen.

Pestsäule

Renaissance und Humanismus

Skulptur

Die Rückbesinnung auf den einzelnen Menschen ist ein wichtiges Merkmal der Renaissance. Seine Einzigartigkeit und Schönheit sollten im Mittelpunkt der Aufmerksamkeit stehen. Dies galt vor allem für die Kunst, die sowohl in der Malerei als auch in der Bildhauerei die detailgetreue Darstellung des Menschen in den Mittelpunkt rückte. So wie hier bei der Skulptur des Davids von Michelangelo.

Florenz

Der Begriff Renaissance stammt aus dem Französischen und bedeutet »Wiedergeburt« oder »Wiedererweckung«. Wiedererweckt wurden durch das Studium antiker Texte die Gedanken und die Kunst der Antike. Eine Rückbesinnung auf die Individualität des Menschen setzte ein: Der Glaube an Gott und das Wirken für das Leben nach dem Tod traten in den Hintergrund, das irdische Leben des Menschen gewann an Bedeutung. Um ein ideales Menschentum zu schaffen, wurde von Humanisten eine Reform der Bildung gefordert. So entstand ein neues Bild vom Menschen und der Welt.

Die Renaissance umfasst im Wesentlichen das 15. und 16. Jahrhundert. Neben der Kunst wirkte sie sich auch in der Literatur, der Philosophie, der Architektur und den Wissenschaften aus. Begleitet wurde sie von einem wirtschaftlichen Aufschwung und neuen technischen Erfindungen. Der florierende Handel sorgte für einen ständigen Austausch von Gütern, Ideen und Kunstwerken.

Antwerpen, Belgien

Stadt der Künste

Das Zentrum der Renaissance war die norditalienische Stadt Florenz, die durch den Orienthandel zu großem Reichtum gelangt war. Dort fanden die Künste zahlreiche Förderer, die sich gegenseitig übertreffen wollten. Von Florenz aus verbreitete sich die Renaissance auch nördlich der Alpen und fand dort ihr Zentrum in Flandern im heutigen Belgien. Auch diese Region war durch den Handel sehr reich geworden.

Mona Lisa von Leonardo da Vinci

Was man über die Renaissance und den Humanismus noch wissen muss:

- Zu den wichtigsten Künstlern der Renaissance zählen u.a. Michelangelo (1475–1564), Leonardo da Vinci (1452–1519), Raffael (1483–1520), Pieter Bruegel der Ältere (ca. 1525–1569) und Albrecht Dürer (1471–1528).
- In das Zeitalter der Renaissance fallen auch die Erfindung des Buchdrucks mit beweglichen Lettern, die großen geografischen Entdeckungen (z.B. die Entdeckung Amerikas durch Christoph Kolumbus) und die Reformation.

IM ÜBERBLICK
DIE KUNST IM WANDEL DER ZEIT

Höhlenmalerei

(Vor ca. 40 000 bis 10 000 Jahren)

Die Höhlenmalerei ist eines der ältesten künstlerischen Zeugnisse der Menschheit. Dargestellt wurden Jagdszenen, Tiere und der Alltag der Menschen zu dieser Zeit.

Die Malereien sind auch die ältesten Zeugnisse der Menschheit für die gezielte Verwendung von Farben. Aufgetragen wurden die Farben mit den Fingern oder einer Art Pinsel.

Antike

(etwa 3 000 v. Chr. bis etwa 500 n. Chr.)

Antike Kunst meint die im alten Ägypten, im alten China, in Mesopotamien sowie in Rom und Athen entstandenen Kunstwerke. Interessant sind hier die Architektur, die Bildhauerei und die Malerei. Der überwiegende Teil der antiken Kunst ist nicht erhalten geblieben. Von besonderer Bedeutung ist die Entwicklung der Bildhauerei im antiken Griechenland. Sie war stilprägend für die Bildhauerei im Allgemeinen.

Gotik

(etwa 1150–1500)

Gotik ist eine europäische Epoche der Architektur und Kunst, die vor allem geprägt wird durch die Hinwendung der Menschen zur Religion. Ihren Ausdruck fand die Gotik im Bau von gotischen Kathedralen. In ihnen vereinigten sich die besonderen Leistungen der Architektur, der Bildhauerei und der Malerei dieser Epoche. Die Malerei wurde wichtiger und mit ihr die Künstler. Die dargestellten Motive hatten meist einen religiösen Hintergrund.

Renaissance

(15./16. Jahrhundert)

Die Renaissance brachte einer Abkehr vom Mittelalter. In der Kunst orientierte man sich an der griechischen und römischen Antike. Zudem rückten der Mensch, die Natur und ihre möglichst genaue Darstellung in den Mittelpunkt. Zentren der Renaissance-Kunst lagen in Florenz, Venedig und in Flandern. Zu den bekanntesten Künstlern der Renaissance gehören Leonardo da Vinci (1452–1519), Michelangelo (1475–1564) und Albrecht Dürer (1471–1528).

Barock

(etwa 1600–1760)

Das Barock war geprägt von üppigen Verzierungen und bewegten, gefühlsbetonten Darstellungsformen. Katholische Kirche und absolutistische Fürsten nutzten vor allem in der Architektur die barocke Kunst zur üppigen Darstellung ihrer Sonderstellung. Mit der Landschaftsmalerei und dem Stillleben entstanden neue Gattungen der Malerei. Zu den bekanntesten Malern des Barocks zählen Peter Paul Rubens (1577–1640), Rembrandt van Rijn (1606–1669) und Diego Velasquez (1599–1660).

Impressionismus

(zweite Hälfte des 19. Jahrhunderts)

Der Impressionismus hat seinen Ursprung in Frankreich. Die Vertreter des Impressionismus (von lat. *impressio*

BEGRIFFSBESTIMMUNG:

Kunst ist der Vorgang des schöpferischen Handelns mit verschiedenen Materialien bzw. Tönen oder Sprache. Das Kunstwerk ist in der Regel das Ergebnis dieses Handelns.

»Eindruck«) malten meist vor den Motiven im Freien. In ihren Werken stand die Farbgebung im Mittelpunkt. Man versuchte, den Eindruck von Licht und Farbe in bestimmten Situationen festzuhalten. Zu den bekanntesten Impressionisten gehören Claude Monet (1840–1926) und Pierre-Auguste Renoir (1841–1919).

Expressionismus

(Ende des 19./Anfang des 20. Jahrhunderts)

Die Expressionisten (lat. *expressio* »Ausdruck«) gingen mit Formen und Farben sehr frei um. Ihre Malerei war geprägt von einem neuen Lebensgefühl und Menschenbild ausgelöst durch Fortschritte in Technologie und Wissenschaft. Die Maler versuchten, spontane Empfindungen und Wahrnehmungen darzustellen. Traditionelle Perspektiven und Motive wurden aufgegeben. Bekannte Impressionisten sind Ernst Ludwig Kirchner (1880–1938), Franz Marc (1880–1916) und Wassily Kandinsky (1866–1944).

Kubismus

(frühes 20. Jahrhundert)

Der Kubismus hat seinen Ursprung in Frankreich. Der Begriff ist abgeleitet vom lateinischen Wort *cubus* für Würfel. Die Maler des Kubismus wollten nicht mehr die scheinbare Welt räumlich und plastisch wiedergeben, sondern den Raum formal gliedern. Das dargestellte Objekt wird auf geometrische Formen reduziert. Wichtige Vertreter des Kubismus sind Pablo Picasso (1881–1973) und George Braque (1882–1963).

Pop-Art

(Mitte des 20. Jahrhunderts)

Die Pop-Art entstand in den späten 1950er Jahren in Großbritannien und den USA. Die Künstler entnahmen ihre Motive häufig der Werbung oder den Medien. Auch banale Alltagsgegenstände wurden abgebildet. Die Darstellung ist meist fotorealistisch, bunt und großformatig. Es sollte eine bewusste Abkehr vom Expressionismus und der Abstraktion sein. Zu den bekanntesten Vertretern der Pop-Art gehören Andy Warhol (1928–1987), Roy Lichtenstein (1923–1997) und David Hockney (*1937).

Street-Art

(ab den 1960er-Jahren)

Die Ursprünge der Street-Art liegen in politischen Botschaften, die man an Häuserwände malte.

Seit den 1960er-Jahren erfreut sie sich wachsender Beliebtheit. In der Regel wird die Kunst im öffentlichen Raum an Hauswänden, Zäunen etc. ohne vorherige Genehmigung angebracht. Für die Künstler ist es wichtig, dass die Kunst von möglichst vielen Menschen – idealerweise kostenlos – gesehen werden kann. Zu den bekanntesten Street-Art-Künstlern gehören Banksy und Gérard Zlotykamien (*1940).

1450 n. Chr.

Die Erfindung des Buchdrucks

Druckbuchstaben

Gutenberg-Bibel

Bücher sind im Mittelalter ein Luxus, den sich nur die Reichen leisten können. Zumindest bis Johannes Gutenberg 1450 mit der Erfindung des Buchdrucks den Weg frei macht für große geistige, politische und religiöse Veränderungen. Er entwickelte bewegliche Druckbuchstaben, genannt Lettern. Diese wurden aus Metall hergestellt. Die beweglichen Lettern konnte er immer wieder zu neuen Wörtern und Zeilen zusammensetzen. Danach wurden diese mit der Druckfarbe bestrichen und auf Papier gepresst. So konnten in kurzer Zeit Bücher hergestellt werden, die nun auch dem Volk zugänglich waren.

Zeit des Wandels

Das 15. Jahrhundert kennzeichnet den Übergang vom Mittelalter zur Neuzeit. Es war eine Zeit mit großen Veränderungen in fast allen Bereichen des Lebens. Vor dieser Zeit waren für Wissen und Bildung die Klöster zuständig. In den Klöstern wurde das Abschreiben der Bücher von den Mönchen übernommen. Doch im Spätmittelalter änderte sich die Situation. Städte errichteten eigene Schulen und Universitäten. Bald gab es nicht mehr genug schreibende Mönche, um die Nachfrage nach Büchern zu stillen. Es entstanden immer mehr weltliche Schreibstuben. Es gab nun auch Bücher auf Deutsch sowie Geschichten und Gedichte, die nichts mit Religion zu tun hatten.

Die Erfindung des Buchdrucks

Zu Beginn des 15. Jahrhunderts druckte man schon einige Buchseiten. Dafür wurden die einzelnen Buchstaben von Holzschnitzern geschnitzt. Johannes Gutenberg wurde um 1400 in Mainz geboren und gilt als der Erfinder des Buchdrucks. Durch seine bahnbrechende Erfindung konnte er die Buchstaben zu immer neuen Wörtern und Sätzen zusammensetzen. So konnten viele Bücher gedruckt werden. Sie waren nicht mehr so teuer und verbreiteten sich schnell. Auch einfache Menschen erlernten nun das Lesen und Schreiben. Von Deutschland aus verbreitete sich der Buchdruck auf der ganzen Welt.

Druckmaschine Gutenbergs

Warum war die Erfindung des Buchdrucks so wichtig?

- Erst der Buchdruck ließ es zu, dass viele Menschen gleichzeitig die gleiche Information bekommen. So kann man sich austauschen. Ohne den Buchdruck wären später auch keine Revolutionen möglich gewesen.
- Wissen konnte sich verbreiten: Man schätzt, dass es um 1490 etwa 3,5 Millionen Druckerzeugnisse gegeben hat. Kein Vergleich zu heute, aber Bildung war so für mehr Menschen möglich.
- Die Entwicklung unserer Moderne wäre ohne den Buchdruck nicht möglich gewesen. So setzen manche Historiker die Neuzeit mit der Erfindung des Buchdrucks an.

1492 n. Chr.

ZONA FREDDA
ZONA TEMP. SETT.
ZONA TORRIDA
ZONA TEMP. MER.
NA FREDDA MERID.
MAR PACIFIC
MARE DEL ZUR
MAR DE PERU

Die Entdeckung Amerikas

Globus

Bereits in der Antike waren sich die Gelehrten ziemlich sicher, dass die Erde eine Kugel und keine Scheibe ist. Auch im Mittelalter setzte sich diese Auffassung – trotz Widerständen aus der Kirche – durch und spornte Seefahrer zu ihren Entdeckungsreisen an. Einen der ersten Globusse der Welt, der erhalten blieb, fertigte der Nürnberger Tuchhändler Martin Behaim (1459–1507) 1492 oder 1493 an.

Maya-Gold

Seeweg nach Indien

Im 15. Jahrhundert beherrschten die Osmanen den östlichen Mittelmeerraum. Die von ihnen erhobenen Zölle verteuerten die über Land transportierten Waren aus Indien und dem Fernen Osten. Deshalb wurde nach einem Seeweg gesucht: 1497/98 gelangte Vasco da Gama (1469–1524) nach Indien, indem er den afrikanischen Kontinent umsegelte. Der aus Genua stammende Seefahrer Christoph Kolumbus (1451–1506) stach, unterstützt vom spanischen Königspaar, am 3. August 1492 mit drei Schiffen in See und segelte gen Westen. Nach einer beschwerlichen Reise landete er mit seinen Schiffen am 12. Oktober 1492 vermeintlich in Indien: Es handelte sich jedoch um eine Insel der Bahamas, Kolumbus hatte Amerika entdeckt – einen neuen Kontinent.

Christoph Kolumbus

Die Schiffe von Kolumbus: Nina, Pinta und Santa Maria

Eroberung eines Kontinents

Mit der Entdeckung der »Neuen Welt« begann deren Kolonialisierung und Ausbeutung durch die Europäer. Sie zerstörten die Hochkulturen der Inka, Azteken und Maya und rotteten die Ureinwohner durch Kämpfe, Krankheiten und Zwangsarbeit beinahe aus. Da nun Arbeitskräfte fehlten, wurden Sklaven aus Afrika über den Atlantik transportiert und der Handel mit ihnen zu einem einträglichen Geschäft.

Was man über die Entdeckung Amerikas noch wissen muss:

- Streng genommen haben vor etwa 15 000 bzw. 12 000 Jahren Einwanderer aus Ozeanien und Asien Amerika zuerst entdeckt. Ihnen folgten die Wikinger. Wahrscheinlich haben im 15. Jahrhundert mehrere europäische Seefahrer noch vor Kolumbus den neuen Kontinent wiederentdeckt. Doch ihre Fahrten blieben folgenlos.
- Der italienische Kaufmann Amerigo Vespucci (1451–1512) hatte an einigen Entdeckungsfahrten entlang der Ostküste Südamerikas teilgenommen und dort einen neuen Erdteil vermutet. Bezeichnet wurde dieser von dem deutschen Kartografen Martin Waldseemüller (1472/75–1520). Er nannte ihn auf seiner Weltkarte aus dem Jahr 1507 »Amerika« – nach dem Vornamen Vespuccis.

600 bis 1453

Mittelalter

Islam

Dem Kaufmann und Karawanenführer Mohammed erschien 609 in einer Höhle ein Engel. Dieser befahl ihm, das Wort Gottes niederzuschreiben. Alle diese Offenbarungen wurden im Koran gesammelt. Mohammed sollte die Worte Gottes unter den Menschen verbreiteten. Rasch fand er Anhänger, die mit ihm den neuen Glauben predigten. Bis zu seinem Tod im Jahr 632 hatte sich der Islam auf der arabischen Halbinsel bereits durchgesetzt.

Ritter

Maya-Kultur – 600 – 900

Islam – ab 8. Jh. v. Chr.

Heiliges Römisches Reich / Krönung von Otto I. – 962

Ritter – spätes 8. Jh. bis etwa Ende 15. Jh.

Die ersten Universitäten – Ende des 11. Jh.

1000 n. Chr. | 1100 n. Chr.

Arabische Expansion – ab etwa 633

Wikinger – 793 – 1066

Kaiserkrönung von Karl dem Großen – 800

Entdeckung Amerikas – 1000

Entdeckung Amerikas

Wahrscheinlich war der Skandinavier Leif Erikss (etwa 970–1020) der erste Europäer, der um d Jahr 1000 den amerikanischen Kontinent entdeck Auf einer Fahrt von Norwegen nach Grönland soll auf das unbekannte Land gestoßen sein. Sehr wa scheinlich hatte er die Insel Neufundland vor Küste Kanadas entdeckt. Hier finden sich auch he noch Spuren einer skandinavischen Siedlung.

Aufteilung des Frankenreichs
(843)

Als der Sohn Karls des Großen, Ludwig der Fromme, 840 gestorben war, wurde das Frankenreich unter seinen drei Söhnen aufgeteilt und mit einem Vertrag besiegelt. Ein Sohn erhielt den westlichen Teil des Reiches. Aus diesem entwickelte sich im Lauf der Zeit Frankreich. Ein anderer bekam den östlichen Teil, das die Basis des heutigen Deutschlands darstellt. Der dritte Sohn erbte den mittleren Teil, der sich von den heutigen Niederlanden bis nach Mittelitalien erstreckte.

Kaiserkrönung von Karl dem Großen

Bau von Angkor Wat
(1113)

Die Khmer sind eine Volk in Südostasien. Vom Beginn des 9. Jahrhunderts bis ins 14. Jahrhundert hinein schufen sie ein Großreich. Die Tempelanlage Angkor Wat im heutigen Kambodscha war das religiöse und politische Zentrum des Reiches. In der Tempelanlage lebten die Priester sowie der König mit seinem Hofstaat. Mit dem Untergang des Khmer-Reiches verlor auch die Tempelanlage an Bedeutung und wurde allmählich verlassen.

Inka-Reich

Vom 13. bis ins frühe 16. Jahrhundert schufen die Inka ein Großreich in Südamerika. Von der Hauptstadt Cusco in Peru aus regierten die Inka-Herrscher. Zum Zeitpunkt seiner größten Ausdehnung erstreckte sich dieses Reich über etwa 5000 km vom heutigen Ecuador bis nach Chile und Argentinien. Als 1532 die Spanier auf die Inka trafen, war der Inka-Staat durch Streitereien bereits geschwächt. Innerhalb kürzester Zeit konnten die Spanier die Inka unterwerfen.

Magna Charta
1215

13. Jh. – 16. Jh.

Erfindung des Buchdruckes
1450

1200 n. Chr. | 1300 n. Chr. | 1400 n. Chr. | 1500 n. Chr.

ab etwa 1190

1096 – 1272
Kreuzzüge

1346 – 1353
Schwarzer Tod

1453
Eroberung Konstantinopels

15. und 16. Jh.
Renaissance

Das Mongolische Großreich

Im Jahr 1206 wurde Temüdschin (etwa 1162–1227) zum obersten Führer der Mongolen, nomadischen Stämmen aus Zentralasien. Er nannte sich Dschingis Khan (dt.: »ozeangleicher Herrscher«). Unter ihm und seinen Nachfolgern eroberten die Mongolen China sowie große Gebiete in Südost-, Zentral- und Vorderasien. Sie drangen bis nach Osteuropa vor. Das Mongolische Reich war auf seinem Höhepunkt der größte zusammenhängende Herrschaftsraum der Weltgeschichte.

Ab 1517 n. Chr.

Biblia: das ist:
Die gantze Heilige
Schrifft: Deudsch
Auffs New zugericht.

D. Mart. Luth.

Begnadet mit Kür-
fürstlicher zu Sachsen Freiheit.

Gedrückt zu Wittem-
berg / Durch Hans Lufft.

M. D. XLI.

Die Reformation

Martin Luther

Lutherbibel

Ab 1521/22 übertrug der Augustinermönch Martin Luther (1483 bis 1546) innerhalb von zwölf Jahren die Bibel ins Deutsche. Bis dahin hatte es das Alte und das Neue Testament nur auf Latein und Griechisch gegeben und auch Gottesdienste fanden nur auf Latein statt. In einer reformierten Kirche sollten die Gläubigen aber verstehen können, was die Priester sprachen. Weil Luther eine Bibel für das ganze Volk wollte, wählte er für seine Übersetzung mündliches Deutsch, das die Grundlage des Hochdeutschen wurde.

Luthers Thesen

Bereits im Oktober 1517 hatte Luther 95 Thesen gegen den Ablasshandel der katholische Kirche veröffentlicht. Gläubigen wurden mit dem Kauf von Ablässen bereits begangene und zukünftige Sünden vergeben. Vom eingenommenen Geld finanzierte der Papst zum Teil seine Bauvorhaben. Luther prangerte das als Verschwendungssucht an und meinte, nur Gott könne Sünden vergeben. Seine Thesen verbreiteten sich rasend schnell im ganzen Reich.

Papst und Kaiser forderten Luther zum Widerruf auf, was er verweigerte, auch noch, als er aus der Kirche ausgeschlossen wurde. Luther wollte die bestehende Kirche reformieren, nicht spalten. Einige Landesherren folgten ihm aus Glaubens-, aber auch aus politischen Gründen. So konnten sie sich vom Einfluss des Papstes befreien und Macht auf Kosten des Kaisers gewinnen. Der Kaiser und die katholischen Landesherren bekämpften die reformierten Landesherren. Eine Teilung der Kirche verfestigte sich.

Religionsfreiheit

Der Augsburger Religionsfrieden von 1555 sicherte den Reichsstädten und Landesherren Religionsfreiheit zu. Wer regierte, bestimmte den Glauben. Die Untertanen hatten zu folgen. Doch es war nur ein politischer Friede. Zu einem wirklichen Ausgleich zwischen den Glaubensauffassungen kam es nicht.

Martin Luther übersetzte die Bibel auf der Wartburg in Thüringen

Was man über die Reformation noch wissen muss:

- Der Begriff »Protestant« für einen Anhänger der neuen Glaubensrichtung geht auf den Reichstag von 1529 zurück. Hier protestierten die reformierten Landesherren gegen Versuche der katholischen Seite, sie zur Rückkehr zum alten Glauben zu bewegen
- Der Bauernkrieg der Jahre 1524 bis 1526 ist eine unmittelbare Folge der Reformation. Die Bauern in den südlichen Landesteilen des Heiligen Römischen Reiches wendeten sich gegen die Abgabenlast und die Ausbeutung durch die Grundherren. Die einzelnen Aufstände wurden blutig niedergeschlagen.

16. Jh. – 17. Jh. n. Chr.

Die kopernikanische Wende

Galileos Zeichnung des Sonnensystems mit allen damals bekannten Planeten (Venus bis Saturn)

Der Dreistab

Dieses Messgerät, lateinisch auch »Triquetrum« genannt, dient zur Bestimmung von Winkeln, aus denen Entfernungen berechnet werden können. Bis zur Entwicklung des Teleskops war es eines der wichtigsten Instrumente der Astronomie. Mit seiner Hilfe entwickelte der Arzt und Astronom Nikolaus Kopernikus (1473–1543) seine Theorie des heliozentrischen (gr. Helios = Sonne) Weltbilds.

Die Erde dreht sich um die Sonne

1500 Jahre lang galt das geozentrische Weltbild des griechischen Astronomen Ptolemäus (ca. 100 bis ca. 160 n. Chr.). Nach seinen Beobachtungen stand die Erde als unbewegtes Zentrum im Mittelpunkt des Weltalls, Sonne, Mond, Planeten und Fixsterne drehten sich in Kreisbahnen um sie herum. Viele spätere Astronomen zweifelten das an, so auch Kopernikus. Über 30 Jahre verfolgte er nachts die Bewegungen der Planeten und veröffentlichte 1543, kurz vor seinem Tod, das Buch »Die Umschwünge der himmlischen Kugelschalen«. Es enthielt Berechnungen, die zeigten, dass die Sonne der Mittelpunkt sein musste, um den sich die Planeten, auch die Erde, drehen. Und: Die Erde dreht sich einmal am Tag um sich selbst und einmal pro Jahr um die Sonne.

Nikolaus Kopernikus

Beginn einer neuen Zeit

Diese Idee war eine wissenschaftliche Revolution. Für die Kirche stand sie aber im Widerspruch zur Bibel, denn sie stellte die Einzigartigkeit der göttlichen Schöpfung infrage. Nach Kopernikus war die Erde nur noch ein Planet unter vielen, eine Auffassung, die die Kirche mit allen Mitteln zu unterdrücken versuchte.

Das Buch leitete die »kopernikanische Wende« ein. Von nun an hieß es: Um die Welt zu erforschen, reichten bloße Beobachtung und reiner Glauben nicht mehr aus. Es galt, durch Vernunft zu neuen Erkenntnissen zu gelangen. Die modernen Naturwissenschaften wurden für die Erklärung der Welt immer wichtiger.

Was man über die kopernikanische Wende noch wissen muss:

- Die Astronomen und Mathematiker Johannes Kepler (1571–1630), Galileo Galilei (1564 bis 1642) und Isaac Newton (1643–1727) vollendeten Kopernikus' Theorie: Kepler entdeckte die Ellipsenbahn der Planeten um die Sonne, Newton erklärte mit der Schwerkraft die Bewegung der Planeten.
- In der Geschichtswissenschaft wird die »kopernikanische Wende« als Ende des Mittelalters und Beginn der Neuzeit gesehen.

Der Absolutismus

Ludwig der Sonnenkönig

Schlosszaun von Versailles

Der französische König Ludwig XIV. (1638–1715) ließ in Versailles einen prunkvollen Palast errichten. Selbst der prächtige Schlosszaun diente dazu, seine Macht und von Gott gegebene Stellung zu zeigen. An seinem Hof versammelte der sogenannte Sonnenkönig alle wichtigen Menschen des Königreichs um sich: Das gesamte Leben dort kreiste nur um ihn. Ludwig gilt als der bedeutendste Vertreter des Absolutismus und war Vorbild für andere absolutistische Herrscher in ganz Europa.

»Der Staat bin ich«

Der Absolutismus war eine Herrschaftsform des 16. bis 18. Jahrhundert in Europa. Der Begriff Absolutismus stammt von dem lateinischen Wort »absolutus«. Das bedeutet »losgelöst«, d. h. hier »losgelöst von allen Gesetzen«. Die Herrscher diese Epoche sahen sich als unmittelbar von Gott eingesetzt. Nur ihm gegenüber mussten sie sich verantworten, also sich keinerlei irdischen Gerichten oder Gesetzen beugen. Sie glaubten, über allen Menschen zu stehen, weshalb sie auch alle Entscheidungen in ihrem Staat allein trafen.

Was man über den Absolutismus noch wissen muss:

- In Deutschland entstanden nach dem Vorbild von Schloss Versailles u. a. die Residenz in Würzburg, Schloss Nordkirchen im Münsterland und das Residenzschloss in Ludwigsburg.
- Auch in unserer Zeit gibt es noch Staaten, die absolutistisch regiert werden. Zu ihnen gehören Saudi-Arabien und Vatikanstadt.

Teure Pracht

Allerdings brauchten auch diese Herrscher Hilfe, um ihre Vorstellungen durchzusetzen. König Ludwig XIV. nutze dazu drei Säulen: die Armee, die jederzeit einsetzbar war, die bezahlten Staatsdiener, sogenannte Beamte, die im lebenslangen Dienst des Königs standen, und die Staatskirche, die bekräftigte, dass der König von Gott gewollt war. All diese Leute und auch die Hofhaltung kosteten sehr viel Geld. Es wurde vom Volk als Steuern eingetrieben, reichte aber meist nicht aus. Deshalb machte der König Schulden, um seine absolutistische Herrschaft finanzieren zu können.

Der Lebensstil des französischen Königs machte Schule. Viele deutsche und weitere europäische Herrscher ließen prachtvolle Schlösser bauen, die Schloss Versailles ähnelten. Sie wurden wie ihr Vorbild oft ebenfalls zu Zentren des politischen, kulturellen und gesellschaftlichen Lebens.

Schloss Ludwigsburg

Ludwig XIV.

MIT DER ZAHNBÜRSTE DURCH DIE ZEIT

1

Kauzweige

Wann genau die Zahnpflege für die Menschen wichtig wurde, kann man heute nicht mehr genau nachvollziehen. Eine der ältesten Methoden, die Zähne zu putzen, ist die Verwendung eines Stocks oder eines Zweiges. Auf einem Ende des Zweiges wurde so lange herumgekaut, bis eine Art Bürste entstand. Die Reibung des Holzes sowie der austretende Pflanzensaft sorgten für ein gewisses Maß an Reinigung. Grabfunde belegen, dass im Ägypten der Pharaonen derartige Zweige bereits verwendet wurden. Und solche Kauzweige sind bis heute in arabischen Ländern sowie bei naturnah lebenden Gruppen in Afrika üblich.

2

Die erste Zahnpasta

Im antiken Rom setzten wohlhabende Römer u. a. auf eine Art Zahnputzpulver, das auch Knochenmehl enthielt. Die feinen Knochenteilchen rieben die Zähne blitzblank. Beliebt war auch Speisesalz, mit dem sich Verfärbungen von den Zähnen entfernen und der Mundraum desinfizieren ließ. Man durfte es aber nicht zu oft verwenden, da Salz die Zähne auf Dauer schädigt.

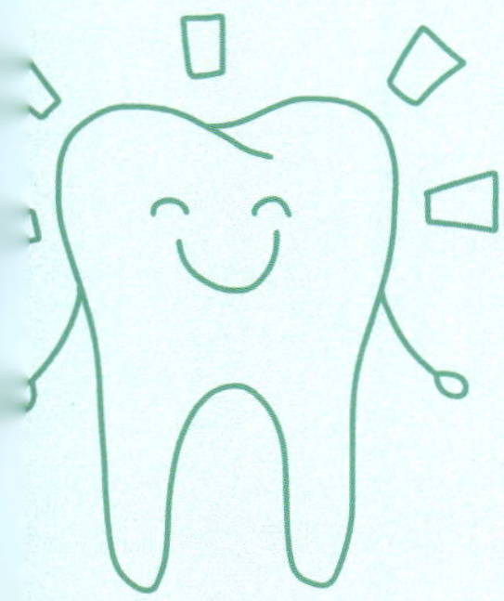

Die elektrische Zahnbürste

Bereits Ende des 19. Jahrhunderts gab es Versuche, eine elektrische Zahnbürste zu entwickeln. Diese war jedoch technisch nicht ausgereift und in der Herstellung viel zu teuer. 1954 gelang es einer Schweizer Firma, eine erschwingliche und zuverlässige elektrische Zahnbürste zu produzieren und zu verkaufen. Elektrische Zahnbürsten reinigen die Zähne um einiges gründlicher als eine Handzahnbürste.

6

3

Der Zahnstocher

Der Zahnstocher ist sicherlich eine der ältesten Methoden, die Zahnzwischenräume zu reinigen. Wahrscheinlich haben die Menschen schon in der Steinzeit versucht, sich Essensreste mit kleinen Knochenstücken oder dünnen Ästen aus den Zahnzwischenräumen zu entfernen. Auch im antiken Rom reinigte man sich die Zähne mit Zahnstochern aus verschiedenen Materialien. Diese Praxis wurde von den Germanen übernommen. Zahnstocher blieben über die Jahrhunderte ein beliebtes Mittel, um groben Schmutz aus den Zähnen zu entfernen.

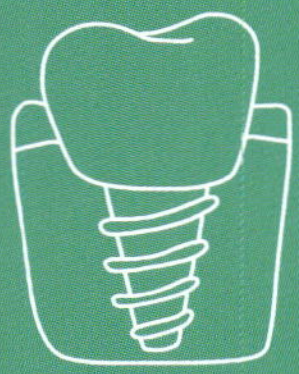

4

Die erste Zahnbürste

Wahrscheinlich entstanden im 15. Jahrhundert in China die ersten Zahnbürsten, die unseren modernen Zahnbürsten ähnelten. Als Borsten verwendete man Schweineborsten oder Pferdehaare. Die Pferdehaarbürsten hatten eine Reihe von Nachteilen. Da die Haare zu weich waren, reinigten sie die Zähne nicht wirksam. Zudem sammelten sich in den Haaren Bakterien an. Über die Handelswege gelangten diese ersten Zahnbürsten nach Europa, wo allerdings jahrhundertelang nur Wohlhabende sie sich leisten konnten. Erst gegen Ende des 19. Jahrhunderts verwendeten immer mehr Menschen Zahnbürsten, aber ein Alltagsgegenstand waren sie noch nicht.

Die Nylonzahnbürste

Zu einem wahren Massenprodukt, mit dem man die Zähne wirksam reinigen konnte, wurde die Handzahnbürste mit der Entwicklung des Nylons. Dieser erste wirkliche Kunststoff wurde in den USA hergestellt und kam 1938 auf den Markt. Die ersten Zahnbürsten mit Nylonborsten waren so hart, dass sie das Zahnfleisch verletzen konnten, wenn man zu stark drückte. Erst weichere Nylonborsten, die um etwa 1950 entwickelt wurden, machten die Zahnbürste rasch zu einem weltweit verbreiteten Massenprodukt.

5

Neuer Auß Münster vom 25. deß Weinmonats im Jahr 1648. abgefertigter Freud- und Friedenbringender Postreuter.

JCh komm von Münster her gleich Spornstreich geritten/
und habe nun das meist deß Weges überschritten/
Ich bringe gute Post und neue Friedenszeit/
der Frieden ist gemacht/ gewendet alles Leid.
Man bläst ihn freudig auß mit hellen Feldtrommeten/
mit Kesselpaucken Hall/ mit klaren Feld-Claretten.
Mercur fleugt in der Lufft/ und auch der Friede Jo/
Gantz Münster/ Oßnabrugg und alle Welt ist froh/
die Glocken thönen starck/ die Orgeln lieblich klingen/
HErr Gott wir loben dich/ die frohen Leute singen.
die Stücke donneren und sausen in der Lufft/
die Fahnen fliegen schön/ und alles jauchtzend rufft:
der Höchste sey gelobt/ der Friede ist getroffen/
fortan hat männiglich ein besser Jahr zu hoffen/
der Priester und das Buch/ der Rahtherr und das Schwerdt/
der Bauer und der Pflug/ der Ochse und das Pferd.

Die Kirchen werden fort in voller Blüte stehen/
Man wird zum Hauß deß HErrn in vollen Sprüngen gehen/
und hören Gottes Wort: Kunst wird seyn hochgeacht/
die Jugend wird studiern bey Tag und auch bey Nacht/
Man wird deß HErren Ruhm auff Psalter und auff Seiten/
In Osten und in West/ in Sud und Nord außbreiten:
die Saine und Paris/ die Donau und ihr Wien/
der Belht und sein Stockholm sind friedlich/ frisch und grün.

Der Friede kömt Gott lob mit schnellem Flug geflogen/
mit jhm komt alles Glück und Segen eingezogen/
Er bringet Friedenspost und güldene Friedens Zeit/
der Krieg ist nun gestillt/ geendet alles Leid.
Spieß/ Bogen/ Schild und Schwerdt/ und Lantzen sind zerschmissen/
Gerechtigkeit und Fried sich miteinander küssen/
Wo Mars der Landsknechts Gott/ die Oberherrschafft hat
da herrschet Lasterschwarm/ und Tugend hat nicht stadt.
Drum freuet/ freuet Euch jhr hohen Potentaten/
und alle die jhr müßt den grossen Städten rahten/

Fortan wird Land und Sand und Dörffer nehmen zu/
und Herr und Knecht wird sein in angenehmer Ruh.
Es werden Fürsten nicht in Cantzeleyen schwitzen/
der Raht nicht in die Nacht mit schweren Sorgen sitzen/
und dencken wo doch Raht wol herzunehmen sey/
damit beteubet werd deß Krieges Tyranney.
Man wird stäts seyn bedacht/ wie rechte Sach mög bleiben/
Wie man/ was unrecht ist/ recht möge hindertreiben/
Man wird nicht so versehn was böses wird verricht/
wie sonst zu Kriegeszeit/ doch ohne Lust geschicht.
Es werden Obrigkeit und Unterthanen wohnen
in Einigkeit und Fried: das gute wird man lohnen/
das böse straffen ab in Kurtz/ es wird friede seyn/
im Rahthauß/ in der Stadt/ wo man geht auß und ein.
Ihr Obern dancket Gott/ der Frieden ist gerichtet/
Ihr Untern lobet Jhn/ das widrig ist geschlichtet/
Es lebt in Fried und Freud der Rahtsherr und die Stadt/
Biß das was in der Welt und Sie ein Ende hat.

Auch/ Ich der Kaufleut Gott Mercur kom hergedrungen/
und hab mich mit dem Brieff durch Lufft und Tufft geschwungen/
Ihr Kaufleut seyt wolauff und habt ein guten Muth/
Ihr Handwercksleute auch/ es wird alls werden gut.
Fort wird man sicherlich zu Wasser können handeln/
und ohne noht zu Land auff Messen ruhig wandeln/
die Wahren werden wol zu reissen abegehn/
die Läden und Gewölb voll lauter Kauffer stehn/
Man wird ja Tag für Tag den Seidenzeug außmessen/
und zu Mittag für Müh nicht einen bissen essen/
Gewürtz und Spezerey verkauffen wol mit Macht/
bey lauter Centnern wegwägen Tag und Nacht.
Der Schuster wird sein Geldt vor Schuh nicht können zehlen/
Den Schneider wird das Volck umb neue Kleider quelen/
Der Breuer nimbt nicht ab/ der Becker der wird reich/
Der Kirschner füttert stäts/ und feyret keinen Streich.
Es hitzen bey dem Feur die Schmid/ die Amboßschläger/
Es tauren mich allein die armen Degenfeger/

Die haben nichts zu thun: Last Degen/ Degen seyn/
macht einen Pflug darfür/ und eine Pflugschar drein.

Ihr Bauren spannet an die starcken Acker Pferde/
klatscht mit der Peitschen scharff/ die Pflugschar in die Erde/
Säet/ Hirsche/ Heidel/ Korn/ Hanf/ Weitzen/ Gersten auß/
Kraut/ Ruben/ Zwiebeln/ Köhl/ füllt Keller/ Boden/ Hauß.

Ihr Gärtner werdet dann zu Marckt können fahren/
und lösen manchen Batz auß euren grünen Wahren/
dann kehret jhr mit Lust fein in ein Küchlein ein/
und esst ein stücklein Wurst und lescht den Durst mit Wein:
Juch/ Juch/ jhr seyt befreyt von tausend tausend Nöthen/
und schlaffet biß es tagt mit euren Bauren Greten.

Ihr Wirthe freut euch auch/ der Friede trägt euch ein/
Es wird die Stub und Stall voll Gäst und Pferde seyn/
Voraus die jhr wol ligt/ beym weiß und roten Hanen/
Beim Baum/ Bärn/ Engel/ Stern/ Wolf/ Lamme/ Thürnen/ Schwanen/
Beim Bitterhold/ beim Creutz/ Ganß/ Rindfuß/ Rädlein/ Tisch/
beim wilden Mann/ Kron/ Mond/ beim güldnen Ochsen/ Fisch/
Beim Ochsenfelder auch: Ihr krieget gute sachen/
Ihr wolt denn selbsten nicht/ die Zech Wirthlich machen/
doch glaub ichs gäntzlich nicht: Nun es hat keine Noth/
Ein jeder gebe mir ein gutes Botenbrodt.

Doch dieses alles recht mit beten und mit dancken/
daß keiner überschreit der Erbarkeiten Schrancken/
Es dancke alles Gott/ es danck Jhm frü und spat/
was kreucht/ fleugt/ lebt und schwebt/ und was nur
Odem hat.

Gedruckt im Jahr nach der Geburt unsers HErrn Jesu Christi 1648.

Der Dreißigjährige Krieg

Flugblatt zum Friedensschluss

Mit der Unterzeichnung von in Münster und Osnabrück ausgehandelten Friedensverträgen endete am 24. Oktober der Dreißigjährige Krieg. Er hatte Millionen von Menschen durch Gewalt, Seuchen und Hunger das Leben gekostet, etwa einem Drittel der damaligen Gesamtbevölkerung. Das Heilige Römische Reich war zu großen Teilen nicht nur verwüstet, sondern auch entvölkert.

Der Prager Fenstersturz

Der verheerende Krieg nahm am 23. Mai 1618 seinen Anfang: An diesem Tag warfen protestantische, böhmische Adlige die Gesandten des katholischen Kaisers aus einem Fenster der Prager Burg. Mit dieser Aktion, dem »Prager Fenstersturz«, protestierten sie gegen Versuche des Kaisers, die gewährte Religionsfreiheit rückgängig zu machen. Es kam zum Krieg, den die Protestanten 1623 verloren. Der Kaiser gab sich mit seinem Sieg nicht zufrieden. Er wollte verloren gegangenen Einfluss zurückgewinnen. Nun schalteten sich ausländische Mächte in den Krieg ein. Zuerst die Dänen, dann die Schweden, Franzosen und andere. Schon bald ging es nicht mehr um Glaubensfragen. Machtpolitische Interessen standen nun im Vordergrund.

Die Prager Burg

Westfälischer Friede

Als klar wurde, dass keine der beteiligten Parteien endgültig siegen konnte, erklärten sich alle ab 1643 zu Verhandlungen bereit. Der Westfälische Friedensschluss vom 15. Mai und 24. Oktober 1648 in Münster und Osnabrück war eine diplomatische Meisterleitung. Alle Seiten wurden bedacht. Die Untertanen genossen Religionsfreiheit. Die Konfessionen waren gleichgestellt.

Der Westfälische Friede

Was man über den Dreißigjährigen Krieg noch wissen muss:

- Der Dreißigjährige Krieg wird in der Regel in vier einzelne Kriege unterteilt: Böhmisch-Pfälzischer Krieg (1618–1623), Dänisch-Niedersächsischer Krieg (1623–1629), Schwedischer Krieg (1630–1635), Schwedisch-Französischer Krieg (1635–1648).
- Bereits 1629 und 1635 hatte es Friedensschlüsse gegeben. Diese blieben jedoch folgenlos, da man nicht die Interessen aller Beteiligten berücksichtigt hatte.

Ende
16. Jh. bis
18. Jh.
n. Chr.

Das Barock

Johann Sebastian Bach

Putte

Die Darstellung von prächtigen menschlichen Figuren war ein wichtiger Bestandteil des Barock. Ganz typisch ist die sogenannte Putte: Sie wurde meist als ein unbekleidetes männliches Kleinkind dargestellt, das manchmal auch Flügel besaß. Die Putte sollte in der üppigen Kunst des Barocks den Betrachter an Gottes Allgegenwärtigkeit erinnern.

Üppig und verspielt

Das Barock bezeichnet einen Abschnitt der europäischen Kunstgeschichte. Er begann Ende des 16. Jahrhunderts und endete in der zweiten Hälfte des 18. Jahrhunderts. Der Begriff stammt von dem portugiesischen Wort *barocco*. Es bezeichnet eine unregelmäßig geformte Perle.

Im Zuge der Gegenreformation begann man in Italien Ende des 16. Jahrhunderts damit, besonders prunkvolle Kirchen zu bauen. Sie sollten den Betrachter beeindrucken und zweifelnde katholische Gläubige zum Verbleib oder zur Rückkehr in die Kirche bewegen. Von Italien aus breitete sich das Barock in erster Linie in den katholischen Teilen Europas aus, im deutschsprachigen Raum vor allem in Österreich und Bayern. In leicht abgewandelter Form wurde das Barock auch in protestantischen Gegenden umgesetzt.

Ausdruck von Macht

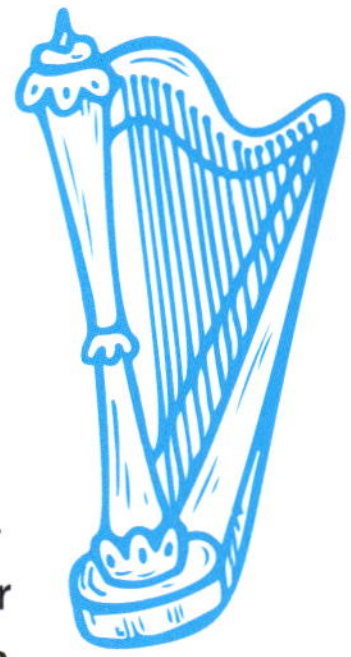

Absolutistische Fürsten und Könige in ganz Europa übernahmen den Stil des Barocks für den Bau ihrer Schlösser. Die üppige Pracht war ideal geeignet, den umfassenden Machtanspruch der scheinbar von Gott eingesetzten Herrscher zu veranschaulichen. In diesen Bauten verschmolzen Architektur, Malerei und Bildhauerei häufig zu einem Gesamtkunstwerk. Als beispielhaft hierfür gilt das Schloss Versailles des französischen Königs Ludwig XIV. (1683–1715).

Von der Architektur ging das Barock auch auf Dichtung, Musik, Bildhauerei, Malerei und Theater über. Dabei spielten das Bewusstsein von der Vergänglichkeit alles Irdischen und der Allgegenwärtigkeit des Todes eine große Rolle. Das Leben im Diesseits, im Hier und Jetzt, gewann an Bedeutung.

Nicht nur Möbel wurden im Barock prachtvoll verziert, sondern auch Musikinstrumente wie dieses Cembalo.

Was man über das Barock noch wissen muss:

- Johann Sebastian Bach (1685–1750) und Georg-Friedrich Händel (1685–1759) zählen zu den bekanntesten Komponisten des Barocks.
- Das Barock wurde ab etwa 1720 vom Rokoko abgelöst. In seiner Pracht ähnelte es dem Barock. Allerdings war es verspielter und eleganter und setzte auf asymmetrische Gestaltungsformen.

IM ÜBERBLICK
DIE MUSIK IM WANDEL DER ZEIT

Frühe Musik und Antike

(bis 500 n. Chr.)

Das erste Instrument war mit großer Wahrscheinlichkeit die menschliche Stimme. Die Ursprünge der Instrumentalmusik gehen möglicherweise auf den Versuch zurück, in der Natur vorkommende Geräusche nachzuahmen.

In der Antike entstand die Vorstellung von der Musik als Kunst. Im antiken Griechenland und auch in Rom war die Musik bereits ein wichtiger Bestandteil der beliebten Theateraufführungen. Aber auch in der Erziehung spielte die Musik zusammen mit der Dichtung eine bedeutende Rolle. Es gab Gesangsstücke mit und ohne Instrumentenbegleitung. Als Instrumente waren Flöten und Leiern, gezupfte Saiteninstrumente, sehr beliebt. Nur wenige Beispiele der antiken Musik sind bis heute erhalten geblieben.

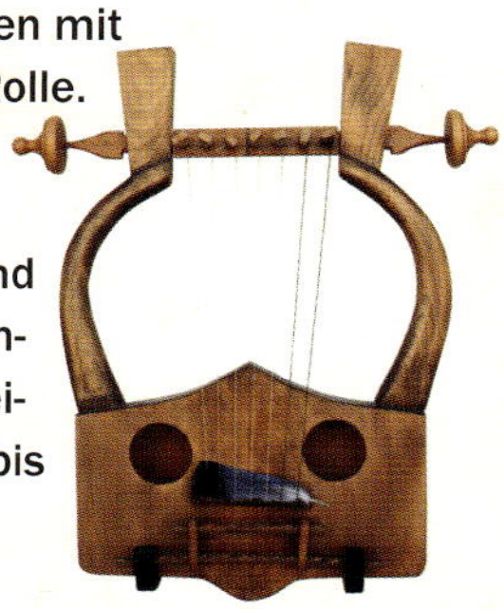

Das Mittelalter

(500–1492)

Ein wichtiger Entwicklungsschritt in der Musik des Mittelalters war das Niederschreiben der komponierten Musikstücke, die Notation. Dies ermöglichte eine weitere Verbreitung der Musikstücke und erleichterte das Lernen, denn bis dahin konnten Musikstücke nur durch Zuhören erlernt werden. Der Großteil der mittelalterlichen Kompositionen hatte einen religiösen Hintergrund. Klöster waren für die Weitergabe von Musik von großer Bedeutung. Meist waren es Gesangsstücke für Chöre oder Solisten, seltener reine Instrumentalstücke. Viele Vorläufer heutiger Instrumente wurden im Mittelalter verwendet. Zu ihnen gehören u.a. die hölzerne Flöte oder die Laute, ein Vorläufer der heutigen Akustikgitarre.

Die Renaissance

(1400–1600)

Zentren der Renaissance-Musik lagen in Italien sowie in Flandern und den heutigen Niederlanden. Neu war die Einteilung der Gesangsstimmen in Sopran, Tenor, Alt und Bass. Damit wurde die Gestaltung eines vierstimmigen Gesangs möglich. Die Gesangsstücke der Renaissance hatten meist einen religiösen Hintergrund, aber auch weltliche Stücke erfreuten sich großer Beliebtheit. In Italien wurden nach dem Vorbild der antiken Dramen auch die ersten Opern komponiert. Zudem nahm die Zahl der verwendeten Instrumente zu. Blas- und Streichinstrumente wie Blockflöte, Posaune und Fidel, ein Vorläufer der Violine, wurden nun eingesetzt. Die Erfindung des Drucks mit beweglichen Lettern brachte den Kompositionen und den Texten der Renaissance-Musik eine weitere Verbreitung.

Das Barock

(etwa 1600 bis 1760)

Eine wesentliche Entwicklung des Barocks war die Einführung des Dur-Moll-Systems, das bis heute für die Musik maßgeblich ist. Zudem kam die Oper zur vollen Entfaltung. Entstanden war sie in Italien und verbreitete sich rasch in ganz Europa. In vielen Städten wurden Opernhäuser gebaut. Vor allem der Adel zeigte sich von der Oper begeistert und unterstützte die Komponisten finanziell. Zum Teil wurden noch die in der Renaissance entstandenen

BEGRIFFSBESTIMMUNG:
Das Wort *Musik* leitet sich ab von griechisch *mousik* was zu deutsch »musische Kunst« oder »Musenkunst« bedeutet. Die Musik selbst ist eine Kunstgattung, bei der der Klang von Menschen organisiert wird.

Instrumente wie Pauke und Posaune verwendet. Mit der Violine, dem Fagott, dem Cembalo und der Querflöte kamen aber auch Weiterentwicklungen alter Instrumente hinzu. Zu den bekanntesten Komponisten des Barocks gehören Johann Sebastian Bach (1685–1750) und Antonio Vivaldi (1678–1741).

Die Klassik

(1730–1820)

Reine Instrumentalstücke, häufig Symphonien oder Solokonzerte mit Orchesterbegleitung, wurden in dieser Epoche beliebter als Opern. Das Verspielte der barocken Musikstücke wurde durch klare Strukturen und Melodien ersetzt. Die Orchester wurden größer und kraftvoller. Die Vielfalt der Instrumente, insbesondere der Streichinstrumente, nahm zu. Das Cembalo wurde durch das Piano ersetzt. Dadurch wurde es möglich, Musikstücke für Tasteninstrumente ausdrucksvoller zu spielen. Die bekanntesten Komponisten dieser Epoche sind Wolfgang Amadeus Mozart (1756–1791) und Ludwig van Beethoven (1770–1827), dessen Werk auch in die Epoche der Romantik hineinreicht.

Die Romantik

(1780–1900)

Die Epoche der Romantik begann im späten 18. oder frühen 19. Jahrhundert und dauerte etwa bis zur Jahrhundertwende. Die Komponisten der Epoche befassten sich mit Traum- und Fantasiewelten, Balladen und Mythen. Sie komponierten u. a. viele kurze Klavierstücke, aber auch Symphonien. Die Orchester wurden noch einmal größer. In der Oper nahm die Entwicklung einen eigenen Verlauf. Im deutschsprachigen Raum grenzte man sich von der klassischen italienischen Oper durch die Verwendung einfacherer und eingängigerer Melodien ab. Einige der bekanntesten Komponisten der Romantik sind Johannes Brahms (1833–1897), Richard Wagner (1813–1883) und Giuseppe Verdi (1813–1901).

Das 20. und 21. Jahrhundert

Auch im 20. und 21. Jahrhundert hat sich die klassische Musik weiterentwickelt. Doch die musikalische Entwicklung dieser Jahrhunderte hat dazu geführt, dass andere Musikstile, vor allem die Popmusik, sie an Beliebtheit weit übertroffen haben.

Besonders die technischen Entwicklungen beider Jahrhunderte führten zu einer grundlegenden Veränderung der Musik und ihrer Verbreitung. Mit der Entwicklung des Radios in den 1920er-Jahren wurde Musik in allen Ausprägungen für beinahe jeden Menschen zugänglich. Hinzu kamen immer wieder neue Möglichkeiten, Musik aufzunehmen. Schallplatten, Tonbänder, Kassetten und CDs machten Musik in allen Formen zu einem Massenphänomen. Die Entwicklung von elektronischen Audioverstärkern und Musikinstrumenten brachte die Entstehung vollkommen neuer Musikrichtungen. Heute gibt es mehr Musikrichtungen als wahrscheinlich jemals zuvor in der Geschichte der Menschheit

Toleranz

Die Aufklärung

Kupferstich der Minerva

Die geistige und philosophische Bewegung der Aufklärung erfasste im 18. Jahrhundert viele Bereiche der Gesellschaft und der Kultur. Auch in der bildenden Kunst hinterließ sie ihre Spuren. Dargestellt wurde sie oftmals als von Licht umgebene Minerva, die römische Göttin der Weisheit. Das Licht steht für Erkenntnis, die den Geist des Menschen erhellen soll.

Selbst denken

Vernunft, Verstand und Wissen sind die Hauptanliegen der Aufklärung. Jeder Mensch kann durch sie zu eigenen Erkenntnissen und Urteilen kommen. Er muss dann nicht länger glauben, was Kirche und Obrigkeit verkünden. Traditionen und Althergebrachtes sollten kritisch hinterfragt werden. Die Menschen waren für die Aufklärer von Natur aus frei und hatten gleiche Rechte. Ein funktionierender Staat war für sie ein freiwilliger Zusammenschluss vernunftbegabter Menschen. Das stand im Gegensatz zum Alleinherrschaftsanspruch im Absolutismus. Die Aufklärer forderten Menschenrechte, Toleranz und das Wohlergehen der Gemeinschaft.

Bildung für alle

Wissen war wichtig, um sich eine eigene Meinung bilden zu können. Aber Lesen und Schreiben waren in der Gesellschaft noch nicht weit verbreitet. Nur Wohlhabende konnten ihre Kinder, meist die Söhne, für längere Zeit zur Schule schicken. Doch zahlreiche Fürsten setzten sich verstärkt für eine Volksbildung ein, hauptsächlich um gut ausgebildete Beamte für die Verwaltung heranzuziehen. Je mehr Bildung die Menschen erwarben, umso wichtiger wurden Bücher und Literatur. Sie verbreiteten die Gedanken der Aufklärung.

Auch die Wissenschaften gewannen an Bedeutung. Die genaue Beobachtung und mathematische Berechnung galten nun religiösen und gedanklichen Erwägungen als weit überlegen. Es entstanden neue Wissenschaften wie Psychologie, Pädagogik und Geschichtswissenschaft, die versuchten, die menschliche Natur zu ergründen.

Was man über die Aufklärung noch wissen muss:

- Im Lauf des 18. Jahrhunderts entwickelte sich eine aufgeklärte Form des Absolutismus. Der uneingeschränkte Herrschaftsanspruch der Fürsten blieb bestehen. Einzig die Auffassung von der Rolle des Herrschers im Staat wandelte sich. So sah sich der preußische König Friedrich II. (1712–1786) als erster Diener seines Staates, der für das Glück und das Wohlergehen der Gemeinschaft zu sorgen hatte.

Ein berühmter Schriftsteller der Aufklärung war Gotthold Ephraim Lessing.

Bildung war ein Grundpfeiler der Aufklärung.

1776 n. Chr.

Die Gründung der Vereinigten Staaten von Amerika

George Washington wurde der erste Präsident der Vereinigten Staaten.

Flagge der USA

Die erste Flagge der Vereinigten Staaten hatte 13 Sterne und 13 Streifen (»Stars and Stripes«). Die Sterne standen für die 13 Kolonien, die den Staat gegründet hatten. Offiziell verwendet wurde die Flagge erstmals 1792, 16 Jahre nachdem die Vereinigten Staaten durch die Erklärung ihrer Unabhängigkeit von England entstanden waren.

Siedler aus Europa

Die Gründung von Jamestown im Jahr 1607 läutete die Kolonialgeschichte Großbritanniens in Nordamerika ein. Zuwanderer aus Europa ließen die Bevölkerungszahl rasch ansteigen. An der Ostküste des Kontinents entstanden 13 Kolonien, die zum englischen Empire gehörten. Die Ureinwohner dieser Gebiete wurden vertrieben. Die neuen Siedler waren meistens Farmer. Sie bauten Tabak, Kaffee, Getreide und Baumwolle an, Rohstoffe, die nach Großbritannien geliefert wurden. Der stark verschuldete britische Staat forderte hohe Zölle und Steuern von seinen Kolonien. Die verweigerten die Zahlung und forderten ein poli tisches Mitspracherecht (»No taxation without representation!«).

Baumwolle

Unabhängigkeitstag

Aus heftigen Streitigkeiten wurden 1775 Kämpfe zwischen dem Großteil der Kolonisten und Großbritannien. Am 4. Juli 1776 erklärten die 13 Kolonien formal ihre Unabhängigkeit. Der Krieg endete mit einer umfassenden britischen Niederlage. Mit dem Friedensschluss musste Großbritannien die Gebiete bis zum Mississippi abtreten. 1787 trat die Verfassung der Vereinigten Staaten in Kraft. Darin wurde die Gewaltenteilung eingeführt: Die Trennung von ausführender, richterlicher und gesetzgebender Gewalt soll den Machtmissbrauch durch einen Einzelnen verhindern. Die »Bill of Rights« von 1791 garantierte den US-Bürgern bestimmte Grundrechte und ergänzte die Verfassung.

Declaration of Independence

In Congress, July 4th, 1776.

The Unanimous Declaration of the Thirteen United States of America.

Die amerikanische Unabhängigkeitserklärung

Was man über die Gründung der Vereinigten Staaten noch wissen muss:

- Die Unabhängigkeitserklärung bezeichnete Gleichheit und Freiheit als Naturrecht des Menschen. Bei ihrer Verabschiedung war jedoch jeder Sechste der etwa 3 Millionen Bewohner der Kolonien unfrei. Den etwa 500000 Sklaven, die vor allem auf den Plantagen arbeiteten, wurde dieses Recht ebenso verweigert wie Frauen und den amerikanischen Ureinwohnern.

- Heute bestehen die USA aus 50 Einzelstaaten. Womöglich werden es sogar bald 51 sein: Der Beitritt Puerto Ricos wird immer wieder diskutiert.

18. Jh. – 19. Jh. n. Chr.

Die Sklaverei

Ehemalige Sklavenunterkunft in Louisiana

Fessel

Ein Sklave ist jemand, der vorübergehend oder dauerhaft von einem anderen Menschen als Eigentum betrachtet wird. Er wird gegen seinen Willen festgehalten und durch Arbeit ausgebeutet. Bei ihrem Transport wurden Sklaven Fesseln an Füßen und Händen angelegt. Sie waren häufig mit eisernen Ketten versehen, damit die Sklaven sich nicht frei bewegen oder weglaufen konnten – sie galten als begehrte Handelsware.

Billige Arbeitskräfte

Sklaverei scheint so alt zu sein wie die Menschheit. Sie war in allen antiken Hochkulturen weit verbreitet. Ohne Sklaven hätten die alten Ägypter, Perser, Griechen und Römer ihre kulturellen Leistungen nicht erbringen können. Oft wurden unterlegene Gegner nicht getötet, sondern versklavt.

Im islamisch-arabischen Raum wurde vom 8. bis ins 19. Jahrhundert Sklavenhandel betrieben. Sklaven gab es auch in Asien, so z. B. in China und Indien. Besonders berüchtigt war jedoch der transatlantische Sklavenhandel, der schon kurz nach der Entdeckung Amerikas begann. Amerika war damals nur dünn besiedelt, doch für die ertragreiche Bewirtschaftung der Plantagen (Baumwolle, Kaffee, Tabak etc.) auf beiden amerikanischen Kontinenten brauchte man günstige Arbeitskräfte. Etwa 40 Millionen Menschen wurden aus Schwarzafrika nach Amerika verschleppt. Viele starben bereits auf See bei der Reise über den Atlantik.

Unter Präsident Abraham Lincoln wurde die Sklaverei in den USA verboten.

Sklavenbefreiung

In der Zeit der Aufklärung im 18. Jahrhundert wuchs in Europa die Kritik an der Sklavenhaltung. Es entstanden Gruppierungen, die die Abschaffung der Sklaverei forderten. Diese Abolitionisten (von eng. *abolition* = Abschaffung) hatten in Europa viele Anhänger. Auch in den Vereinigten Staaten waren sie sehr aktiv. Um 1800 war der Sklavenhandel in den meisten Staaten Europas verboten. In Nordamerika wurde die Sklaverei mit dem Ende des Amerikanischen Bürgerkriegs 1865 abgeschafft.

Was man über die Sklaverei noch wissen muss:

- Sklaven waren zu allen Zeiten in besonderem Ausmaß Gewalt ausgesetzt. Sie wurden ausgebeutet, misshandelt und bestraft.
- Die Sklaverei ist keineswegs verschwunden. Noch immer werden Menschen als Sklaven gehalten und müssen gegen ihren eigenen Willen Dienste erbringen. Zu den modernen Formen der Sklaverei gehören Kinderarbeit, Leibeigenschaft und das Leben als Kindersoldat.

Kind bei der Feldarbeit in Indien

ÉGALITÉ.
LIBERTÉ.

Die Französische Revolution

Kokarde

1789 erfasste eine Revolution Frankreich. Viele Menschen trugen an Kleidung oder Mütze eine Kokarde, ein rundes Abzeichen, meist in den Farben Blau, Weiß und Rot. Es war das Kennzeichen der Anhänger der Revolution.

Auf die Barrikaden!

Ludwig XVI.

Das Königreich Frankreich war durch viele Kriege verschuldet, die Staatskasse leer. Missernten hatten die Lebensmittelpreise steigen lassen, viele Menschen hungerten. Hinzu kam das bedrückende Ständesystem: Der erste und zweite Stand, die Geistlichkeit und der Adel, genossen viele Vorrechte, die der dritte Stand, Bauern und Bürger, nicht hatte. Doch der machte etwa 98 Prozent der Gesamtbevölkerung aus, trug die Lasten der Gesellschaft, hatte aber keinerlei politischen Einfluss. Diese Menschen forderten grundsätzliche Veränderungen, was König Ludwig XVI. (1754–1793) verweigerte.

Mit dem Sturm auf die Bastille, ein Gefängnis in Paris, begann am 14. Juli 1789 die Französische Revolution, mit dem dritten Stand an ihrer Spitze. Aufstände ergriffen das ganze Land. Erkämpft wurden Menschen- und Bürgerrechte, 1791 gab es eine Verfassung. Die Ständegesellschaft war aufgelöst, der König brauchte die Zustimmung des Parlamentes.

Republik und Terror

Im August 1791 radikalisierte sich die Revolution. Der König wurde abgesetzt und die Republik ausgerufen. Ein »Wohlfahrtsausschuss« regierte und errichtete eine Terrorherrschaft. Hunderttausende Menschen wurden verhaftet, Zehntausende hingerichtet, darunter der ehemalige König und seine Frau. 1794/95 endete diese Schreckenszeit. Das »Direktorium«, eine Gruppe gemäßigter Politiker, übernahm die Leitung des Staates und versuchte, die Revolution zu verteidigen. Es wurde 1799 durch das Militär gestürzt, Staatsführer wurde einer der Generäle: Napoleon Bonaparte.

Der Sturm auf die Bastille

Was man über die Französische Revolution noch wissen muss:

- Die Guillotine, ein Fallbeil, ist eines der Symbole der Französischen Revolution. Während der Terrorherrschaft wurden Todesurteile häufig mit ihr vollstreckt.
- Zwar beseitigte die Revolution die Monarchie, doch kehrten die Franzosen im 19. Jahrhundert mehrmals zu ihr zurück. Mit Napoleon I. und Napoleon III. gab es zwei Kaiser und mit Ludwig XVIII., Karl X. und Ludwig Philippe I. (»der Bürgerkönig«) drei Könige.

Die Guillotine, das Hinrichtungsinstrument der Revolution

moi libre aussi 1789

Die Menschenrechte

Freiheits-Plakette

Die Französische Revolution 1789 brachte mit der Erklärung der Menschen- und Bürgerrechte den Gedanken von unveräußerlichen, allgemein geltenden Rechten, die einem jeden Menschen von Natur aus zustehen sollten, entscheidend voran. Diese Rechte, z. B. auf Freiheit, Gleichheit, Sicherheit und freie Meinungsäußerung, können und dürfen ihm in der Theorie von niemandem genommen werden.

Ein langer Weg

Die Idee, dass jeder Mensch bestimmte Rechte hat, zieht sich durch die gesamte Geschichte. Wirklich eingefordert, festgelegt und umgesetzt wurden sie in vielen kleinen Einzelschritten. Ein wichtiges Dokument, das die Willkür von Herrschenden einschränkte, war etwa die Magna Charta von 1215.

Einen großen Einfluss darauf zu erklären, was Menschenrechte eigentlich sind, hatten die Denker der Aufklärung. Sie sprachen bereits von den natürlichen Rechten der Menschen, die für sie allerdings göttlichen Ursprungs waren. In der amerikanischen Unabhängigkeitserklärung 1776 und in der »Bill of Rights« von 1789 wurde die Idee von den unveräußerlichen menschlichen Grundrechten erstmals verbindlich für eine Gesellschaft formuliert. Und doch galten sie im Alltag nicht für jeden: Frauen, Sklaven und Indianern wurden sie nicht zugestanden.

Eine Staatspflicht

Freiheit, Gleichheit, Brüderlichkeit, der Leitspruch der französischen Revolution

Ein bedeutender Meilenstein war die Verkündung der Menschen- und Bürgerrechte in der Nationalversammlung während der Französischen Revolution 1789. Es wurde festgehalten, dass der Mensch frei und gleich geboren und es die Aufgabe des Staates, Grundrechte zu bewahren und zu verteidigen. Diese Erklärung hatte großen Einfluss auf die Verfassungsentwicklung in den westlichen Ländern: Teile davon finden sich dort bis heute in vielen Verfassungen. In Deutschland hinterließ sie Spuren in der gescheiterten »Paulskirchenverfassung« von 1848, der Verfassung der Weimarer Republik von 1919 und auch im deutschen Grundgesetz von 1949.

Ausschnitt aus der amerikanischen Verfassung

Was man über die Menschenrechte noch wissen muss:

- Es dauerte bis 1948, bis die Menschenrechte formal weltweite Anerkennung fanden. In diesem Jahr verabschiedeten die Vereinten Nationen die »Allgemeine Erklärung der Menschenrechte«.
- Heute gibt es eine Vielzahl von Organisationen, die sich weltweit um die Einhaltung der grundlegenden Menschenrechte kümmern. Dazu gehören u. a. Amnesty International und Human Rights Watch.

1492 bis 1799

Frühe Neuzeit

Erster Flug mit einem Heißluftballon
(1783)

Den Brüdern Joseph (1740–1810) und Étienne (1745–1799) de Montgolfier gelang 1783 der erste Flug mit einem Heißluftballon. Um die Luft im Ballon zu erhitzen, verwendeten sie Stroh und Schafswolle. Aus Sicherheitsgründen waren beim ersten Flug vor Publikum nur ein Hahn, ein Hammel und eine Ente an Bord. Erst danach unternahm man auch Flüge mit Menschen.

Die Entdeckung Amerikas

1492

Die kopernikanische Wende

Veröffentlichung des zentralen Werkes von Kopernikus

1543

Sklavere

16. Jh. – 19. Jh.

1500

1550

ab 1517

Reformation

1519 – 1522

1582

Einführung des gregorianischen Kalenders

Im Jahr 1582 verfügte Papst Gregor XIII., eine Kalenderreform. Der neue Kalender löste den Julianischen Kalender – benannt nach dem römischen Feldherrn und Politiker Julius Cäsar – ab. Er hatte sich als zu ungenau erwiesen. Der gregorianische Kalender dient bis heute als Basis für alle Datumsangaben.

Weltumsegelung durch Ferdinand Magellan

Auf der Suche nach einem westlichen Seeweg zu den im Pazifik gelegenen »Gewürzinseln« gelang dem portugiesischen Seefahrer Ferdinand Magellan (1480–1521) die erste Weltumseglung. Magellan selbst erlebte das Ende der Reise nicht. Er wurde bei einem Kampf im Pazifik getötet. Nur wenige Angehörige seiner Mannschaft kehrten im September 1522 in den spanischen Ausgangshafen zurück.

Bau des Tadsch Mahal

)er indische Herrscher Shah Jahan (1592 bis 1666) ieß ab 1631 ein prunkvolles Grabmal für seine Liebingsfrau Mumtaz Mahal (1593 bis 1631) errichten, die bei der Geburt eines Kindes verstorben war. Geoaut wurde es aus rotem Sandstein und Marmor in der Stadt Agra in Indien. Nach seinem Tod wurde auch Shah Jahan in dem Grabmal beerdigt. Heute zählt das Mausoleum zum UNESCO-Weltkulturerbe.

ab 1631 – 1648

Ende 16. Jh. bis etwa 1770

Barock

Verkündung der Menschenrechte

1789

Französische Revolution

1789 – 1799

1600 | 1650 | 1700 | 1750

1618 – 1648

Dreißigjähriger rieg / Westfälischer Friede

1650 – 1800

Zeitalter der Aufklärung

2. Hälfte 17. Jh. bis Ende 18. Jh.

Absolutismus

1776

Unabhängigkeitserklärung der USA

Mozart komponiert seine erste Sinfonie
(1764)

Der 1756 in Salzburg geborene Wolfgang Amadeus Mozart war schon als Kind ein Star. Bereits mit vier Jahren konnte er Klavier spielen. 1764 schrieb er mit nur acht Jahren seine erste Sinfonie, ein längeres Instrumentalwerk. Insgesamt komponierte er mehr als 1000 Musikstücke. Trotz seines enormen Schaffens starb er verarmt 1791 in Wien. Heute ist er einer der beliebtesten klassischen Komponisten.

Napoleon Bonaparte

Napoleon Bonaparte

Konservendose

Mit dem Aufstieg Napoleon Bonapartes (1769–1821) in der Französischen Revolution begann ein neuer Abschnitt der Kriegsführung in Europa. Die Armeen wurden immer größer und konnten nicht mehr so einfach versorgt werden. Napoleon setzte in Frankreich einen Preis für denjenigen aus, der Lebensmittel länger haltbar machen konnte. Dem Zuckerbäcker Nicolas Appert (1749–1841) gelang es, Lebensmittel zunächst in Flaschen, dann auch in Dosen durch Erhitzen und luftdichten Verschluss haltbar zu machen.

Aufstieg …

1799 stürzte das Militär die französische Revolutionsregierung. General Napoleon Bonaparte übernahm die Herrschaft und begann, den französischen Staat nach seinen Vorstellungen umzuformen. 1804 krönte sich Napoleon in Paris selbst zum französischen Kaiser. Im selben Jahr erließ er mit dem »Code civil« ein bürgerliches Gesetzbuch, in dem u. a. die Gleichheit vor dem Gesetz festgehalten wurde. Der »Code« ist bis heute Vorbild für viele Gesetzeswerke in ganz Europa.

Der Triumphbogen in Paris wurde von Napoleon zur Verherrlichung seiner Siege erbaut.

… und Fall

Der Standardmeter in Paris

Auch andere Reformen wurden durch Napoleon angeschoben. In Frankreich wurde die Zivilehe eingeführt, die unabhängig von der Religion nun vor staatlichen Stellen geschlossen werden konnte. Im Laufe des Jahrhunderts verbreitete sich diese Möglichkeit beinahe in ganz Europa. In Deutschland beseitigte man das Durcheinander von verschiedenen Längenmaßen durch die Einführung des metrischen Systems, mit dem Meter als Basiseinheit.

Napoleon betrieb bis 1815 eine aggressive Außenpolitik, mit zahlreichen Feldzügen und Schlachten dehnte er den französischen Einflussbereich auf große Teile Europas aus, was viele Menschenleben kostete. Als am Abend 18. Juni 1815 die Schlacht bei Waterloo beendet war, fand die Herrschaft Napoleon Bonapartes über Europa aber ihr endgültiges Ende. Er starb 1821 in der Verbannung.

Was man über Napoleon Bonaparte noch wissen muss:

- Ab dem Herbst 1814 begannen die Fürsten Europas im sogenannten »Wiener Kongress« mit der Neuordnung des Kontinents. Eine der Folgen des Kongresses war der Aufstieg Preußens zur europäischen Großmacht.
- Napoleon III. (1808–1873), von 1848 bis 1852 französischer Staatspräsident und von 1852 bis 1870 Kaiser der Franzosen, war der Neffe von Napoleon Bonaparte.

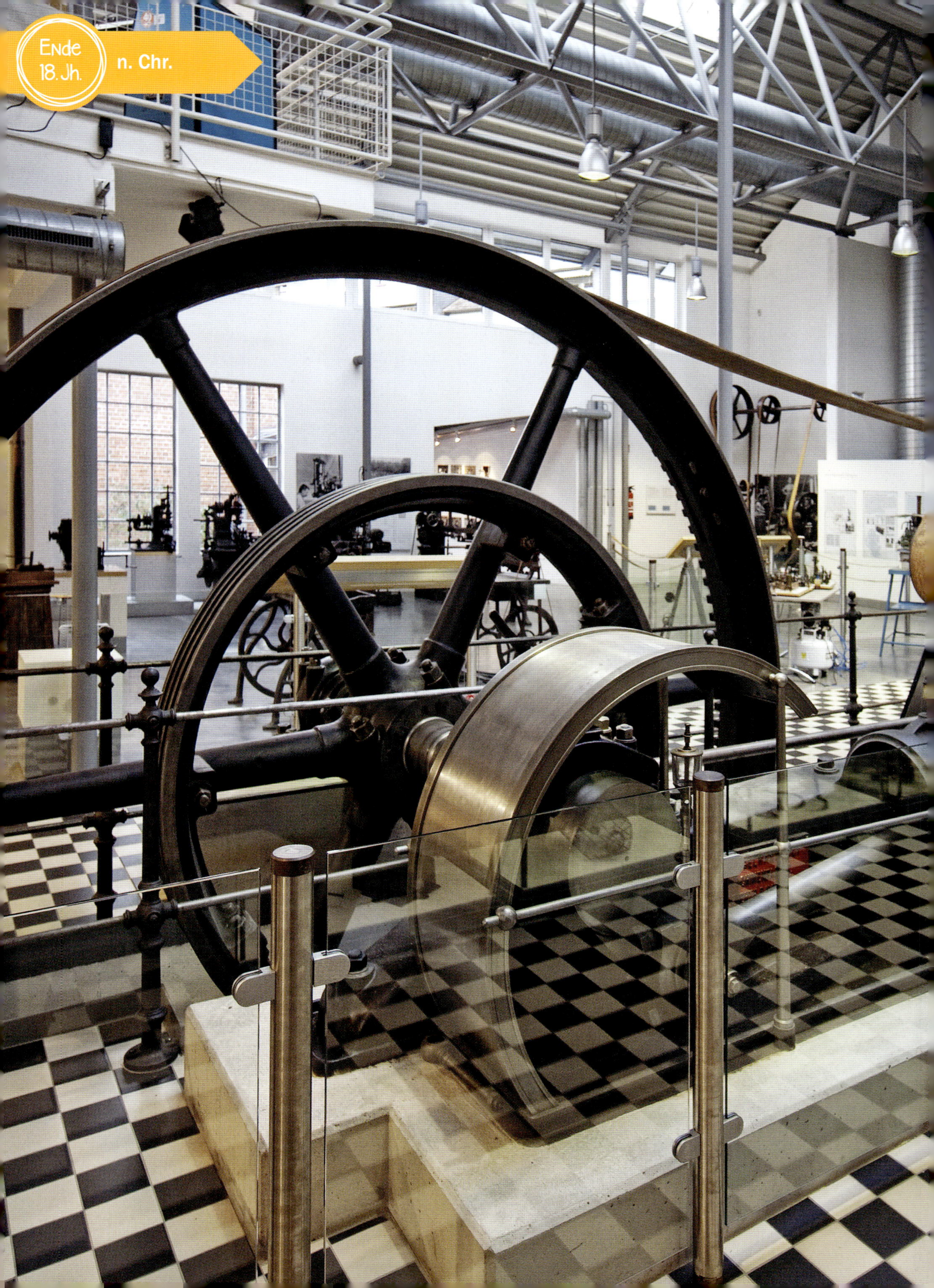

Die Industrialisierung

Dampflokomotive

Dampfmaschine

Die Dampfmaschine in ihrer weiterentwickelten Form war der Motor der Industrialisierung in England im späten 18. Jahrhundert und in Kontinentaleuropa im 19. Jahrhundert. Sie trieb Maschinen aller Art an, was die Herstellung von Produkten beschleunigte und ihre Qualität verbesserte. Die Dampfmaschinen wurden von Spezialisten gewartet.

Dampf machen

Mit der Industrialisierung wandelten sich Agrar- zu Industriestaaten: Statt Landwirtschaft und Handwerk bestimmten nun die Be- und Weiterverarbeitung von Rohstoffen die Wirtschaft. Die Industrialisierung begann in England, und zwar in der Textilindustrie. Es wurden mechanische Spinnmaschinen und Webstühle entwickelt, die man mit Dampfkraft betreiben konnte. Nachdem 1781 der schottische Erfinder James Watt (1736–1819) die Dampfmaschine entscheidend verbessert hatte, konnten mehr Maschinen effektiver laufen. Kohle für den Betrieb der Maschinen und Eisen für ihren Bau ließen neue Industriezweige entstehen. Es entwickelten sich industrielle Ballungszentren, in die Menschen vom Land auf der Suche nach Arbeit und Auskommen zogen: Großstädte entstanden.

Die Industrialisierung setzte in den deutschen Staaten erst verspätet, und zwar mit dem Eisenbahnbau ein. Der Rückstand wurde aber schnell aufgeholt.

Industriegebiet in England um 1850

Große Veränderungen

Die Industrialisierung beeinflusste die Lebensverhältnisse der Menschen enorm: Die Arbeitszeiten waren lang, die Arbeitsbedingungen und die Bezahlung meist schlecht. Kinder und Frauen mussten zum Unterhalt der Familien häufig ebenfalls in den Fabriken arbeiten. Um die Lage der Arbeiter zu verbessern, gründeten sich aber schon bald erste Gewerkschaften.

Was man über die Industrialisierung noch wissen muss:

- Bereits seit der Antike waren die Verwendungsmöglichkeiten von Wasserdampf bekannt. Es fehlten jedoch die Materialien, um diese Kraft nutzen zu können.
- Thomas Newcomen (1664–1729) hatte die ersten betriebsfähigen Dampfmaschinen entwickelt. Sie setzten Pumpen in Bewegung, mit denen in Bergwerken das Grundwasser aus den Schächten geholt wurde.

18./19. Jh. n. Chr.

Kinderarbeit

Bergwerklampe

Im 18. Jahrhundert wurden in England Kinder in Kohlebergwerken eingesetzt. Ausgerüstet mit einer Hacke und einer Lampe, mussten sie in die oftmals sehr niedrigen Stollen kriechen und die Kohle herausschlagen. Auf Wagen oder mit Eimern transportierten sie die abgebaute Kohle heraus. Diese Arbeit war sehr mühsam und äußerst gefährlich und nur eine der Aufgaben, die Kinder im Bergbau und später in Fabriken übernahmen.

Kinder in der Industrie

Bereits in der vorindustriellen Zeit war Kinderarbeit weit verbreitet. In den Familien der einfachen Bauern, Heimarbeiter und Handwerker war es selbstverständlich, dass Kinder bei der täglichen Arbeit mithalfen.

Mit Beginn der Industrialisierung, dem Übergang zur maschinellen Herstellung von Gütern, nahm die Kinderarbeit zu. Kinder förderten unter sehr schlimmen Arbeitsbedingungen Kohle, die in immer größeren Mengen gebraucht wurde, um Maschinen zu betreiben. Auch in den großen Maschinenhallen der Textilindustrie, wo nur wenig Raum zum Arbeiten war, wurden Kinder eingesetzt, weil sie kleiner waren. Schon bald forderten Politiker, Kinderarbeit zu begrenzen. Ihre Hauptsorge war allerdings, dass Kinder, die schwere Arbeit leisteten und körperliche Schäden davontrugen, nicht mehr Soldaten werden konnten. Die Gewerkschaften waren gegen Kinderarbeit, weil die niedrigen Löhne der Kinder höhere Löhne für die erwachsenen Arbeiter verhinderten.

Mehr Bildung

Kinderarbeit wurde im 19. Jahrhundert beinahe überall durch Gesetze beschränkt. Es wurde aber kaum kontrolliert, ob sich die Arbeitgeber auch daran hielten. Kinderarbeit nahm erst ab, als für das Arbeiten in der Industrie größeres Fachwissen nötig war. Bildung wurde wichtig, was dazu führte, dass Kinder länger und durchgehend zur Schule gingen. Zu Beginn des 20. Jahrhunderts war die Kinderarbeit in den Industrieländern weitgehend verboten.

Was man über Kinderarbeit noch wissen muss:

- Auch heute müssen immer noch Millionen von Kindern in vielen Ländern der Welt unter gefährlichen und ausbeuterischen Bedingungen arbeiten. Meist können sie nur so das eigene Überleben und das ihrer Familie sichern. Hauptursachen für Kinderarbeit sind weiterhin fehlende Bildung, Armut und schlechte Sozialsysteme.

N6244
100
COMMON STOCK VOTING TRUST CERTIFICATE
PAR VALUE $ 25 EACH
ONE HUNDRED

Der Kapitalismus

Eingang zur Frankfurter Börse

Aktien

Mit dem Kauf einer Aktie erwirbt man in der Regel einen Anteil an einem Unternehmen und ist damit auch am Gewinn oder Verlust dieser Firma beteiligt. Besitzt man viele Aktien eines Unternehmens, kann man auf dessen Geschäftsführung Einfluss nehmen. Wer Aktien erwirbt, will damit aber selbst Geld verdienen, also einen Gewinn machen. Dieses Gewinnstreben einer Einzelperson, eines Unternehmens oder auch einer Gesellschaft ist ein wesentliches Merkmal des Kapitalismus.

Vermögen schaffen

Der Begriff Kapitalismus bezeichnet eine Epoche der Wirtschaftsgeschichte, die bis heute andauert, aber auch eine Wirtschafts- und Gesellschaftsordnung. Er beschreibt also, wie in einem Land die Gesellschaft und die Wirtschaft funktionieren. Der Kapitalismus ist momentan die weltweit bestimmende Wirtschaftsordnung.

Mit Kapital sind verschiedene Dinge gemeint: Geld, Maschinen, Gebäude, Fahrzeuge usw. Im Kapitalismus ist das alles im Besitz eines Einzelnen, eines Unternehmers oder der Gesellschafter eines Unternehmens. Angebot und Nachfrage sind im Kapitalismus wichtige Elemente. Man kann nur das kaufen, was produziert und auf dem Markt angeboten wird. Gleichzeitig wird jedoch nur das hergestellt und angeboten, was die Kunden kaufen wollen. Ziel eines jeden Unternehmens ist der Gewinn: Die Einnahmen sollen die Ausgaben möglichst deutlich übertreffen. Weil der Unternehmer oder die Gesellschafter das Kapital vergrößern wollen, werden Gewinne wieder investiert.

Gerechter teilen

Parallel mit der Industrialisierung in England entstand auch der Kapitalismus. Durch den Verkauf der mit Maschinenkraft hergestellten Waren wurden die Unternehmer reich. Die Arbeiter hingegen mussten für geringe Entlohnung schuften. Ihre Löhne reichten kaum dazu aus, das eigene Überleben oder gar das einer ganzen Familie zu sichern. Um die Interessen der Arbeiter gegenüber den Unternehmern zu vertreten, entstanden im 19. Jahrhundert Gewerkschaften. Sie sorgten für eine Verbesserung der Arbeitsbedingungen und für Lohnerhöhungen.

Was man über den Kapitalismus noch wissen muss:

- Der Kapitalismus ist eine wichtige Triebfeder des technischen und wissenschaftlichen Fortschritts. Um wirtschaftlich erfolgreich sein zu können, bedarf es ständig neuer Ideen.
- In die Führung der Unternehmen greift der Staat bis heute nicht ein. Wohl aber erließ und erlässt er Gesetze, die das Handeln der Unternehmen und den Umgang mit den Arbeitern regeln.

Die Europäische Zentralbank

stethoscopes, and it was presented by him
to Dr Bégin a French Army surgeon
whose widow gave it to me in

Fortschritte der Medizin

Stethoskop

Mit dem 1819 von dem französischen Arzt René Laënnec (1781–1826) entwickelten Stethoskop konnten die im Brustkorb befindlichen Organe Herz und Lunge abgehört werden. Das erleichterte die Diagnose von Krankheiten sehr. Das neue Gerät war nur eine von vielen Entwicklungen und Entdeckungen in der Medizin im 19. Jahrhundert.

Ärztekunst

Die neu entstandenen Naturwissenschaften Chemie und Biologie sorgten für enorme Fortschritte in der Medizin. Doch auch durch einfache Beobachtungen gelangten Mediziner zu weitreichenden Erkenntnissen. In den Krankenhäusern starben viele Mütter nach der Geburt eines Kindes am sogenannten Kindbettfieber, einer Infektionskrankheit, die zu zahlreichen Entzündungen im Körper führt und letztlich zur tödlichen Blutvergiftung. Der an einem Wiener Krankenhaus tätige Assistenzarzt Ignaz Semmelweis (1818–1865) entdeckte Mitte der 1840er-Jahre wieder, was Hebammen bereits seit Jahrhunderten wussten: Durch fehlende Sauberkeit, hier an den Händen der Ärzte, konnten sich Bakterien vermehren und übertragen werden, was Infektionen auslöste.

Ignaz Semmelweis, der Begründer der Bakteriologie

Lebensrettend

Anfangs wurde Semmelweis verlacht, doch seine Erkenntnisse setzten sich schließlich durch. Sie stießen die Entwicklung der Bakteriologie an, der Wissenschaft von den Bakterien. Im Lauf des 19. Jahrhunderts wurden zahlreiche bakterielle Erreger für schlimme Krankheiten gefunden, darunter Milzbrand, Diphtherie und Tuberkulose. Hygiene und Desinfektion wurden angewandt und ließen tödliche Wundinfektionen stark zurückgehen. Mit der zeitgleichen Entwicklung der Anästhesie, einem künstlich hergestellten Zustand der Empfindungslosigkeit, gelangte die Chirurgie zur Blüte. Immer aufwendigere Operationen waren nun möglich.

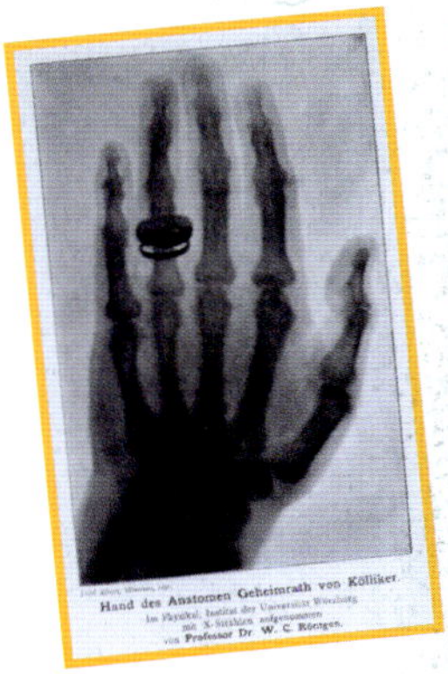

Röntgenaufnahme von Wilhelm Conrad Röntgen

Krankheitserregende Bakterien

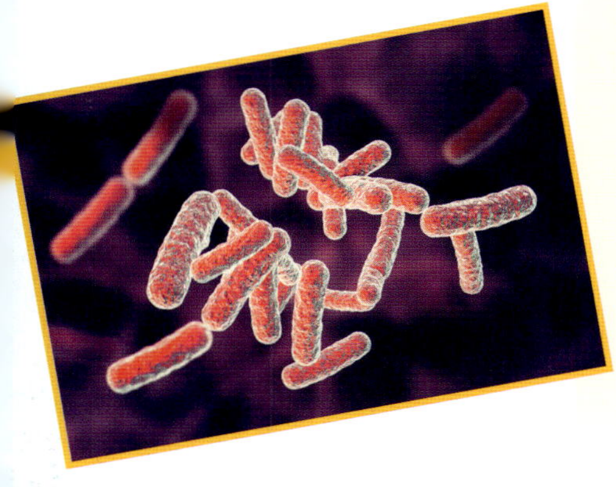

Was man über die Fortschritte der Medizin im 19. Jahrhundert noch wissen muss:

- Zu Beginn des Jahrhunderts wurde auch die Psychologie als eigenständiges medizinisches Fach begründet.
- 1895 entdeckte der Physiker Wilhelm Conrad Röntgen die Röntgenstrahlen, mit deren Hilfe man den Körper durchleuchten konnte. Damit war eine ganz neue Bewertung von Krankheiten möglich.

MIT DER BRILLE DURCH DIE ZEIT

1

Lesestein

Arabische Wissenschaftler hatten sich im Mittelalter mit der Optik, der Lehre von der Ausbreitung des Lichts, befasst. Ihre Schriften wurden in westeuropäischen Klöstern von Mönchen abgeschrieben. Einige Mönche griffen deren Überlegungen auf und fertigten einfache Lesesteine, halbkugelförmige Linsen mit einer flachen Grundfläche. An der Oberfläche der Linse wurde das Licht gebrochen und abgelenkt. Den Lesestein legte man auf den Text. In der Halbkugel konnte man dann die vergrößerten Buchstaben sehen. Zur Herstellung eines Lesesteins verwendete man durchsichtige Mineralien wie z. B. Quarz (Bergkristall).

2

Nietbrille

Die Nietbrille war Ende des 13. Jahrhunderts eine Weiterentwicklung des Lesesteins. In Norditalien war es gelungen, die Linsen aus Glas deutlich flacher und kleiner herzustellen. Sie wurden in Holz, Horn oder Eisen gefasst und mit einer Niete zusammengefügt. Die Linsen musste man sich mit der Hand vor die Augen halten. Gleichzeitig hatte man so das Grundprinzip der modernen Brille entwickelt. Allerdings war es nach wie vor nur möglich, Linsen zur Behebung der Weitsichtigkeit herzustellen. Erst zu Beginn des 16. Jahrhunderts konnte man auch Linsen für die Kurzsichtigkeit schleifen.

Monokel

Auch das Monokel ist eine Weiterentwicklung des Lesesteins. Die ersten Exemplare gab es bereits im ausgehenden 14. Jahrhundert. Zunächst hielt man sich das gefasste Glas noch vor das Auge oder legte es über einen Text. Im 16. Jahrhundert fing man damit an, es zwischen Wange und Oberlid einzuklemmen. Im 19. Jahrhundert fand das Monokel weitere Verbreitung. Es wurde zu einer Modeerscheinung, die sich bis ins beginnende 20. Jahrhundert großer Beliebtheit erfreute. Wer zu dieser Zeit weltmännisch oder vornehm wirken wollte, trug ein Monokel.

Ohren- oder Schläfenbrillen

Zu Beginn des 18. Jahrhunderts wurden die Ohren- oder Schläfenbrillen entwickelt. Erste Exemplare bot man in London an. Diese Brillen hatten einen Nasensteg und seitliche Bügel, an deren Enden häufig Ringe angebracht waren. Die Ringe sollten den Sitz verbessern, die Bügel konnte man einklappen. Endgültig durchsetzen konnte sich die Ohrenbrille erst ab der Mitte des 19. Jahrhunderts. Durch Weiterentwicklung entstand bis zum Beginn des 20. Jahrhunderts die moderne Ohrenbrille, bei der die gebogenen Bügel hinter dem Ohr für Halt sorgen.

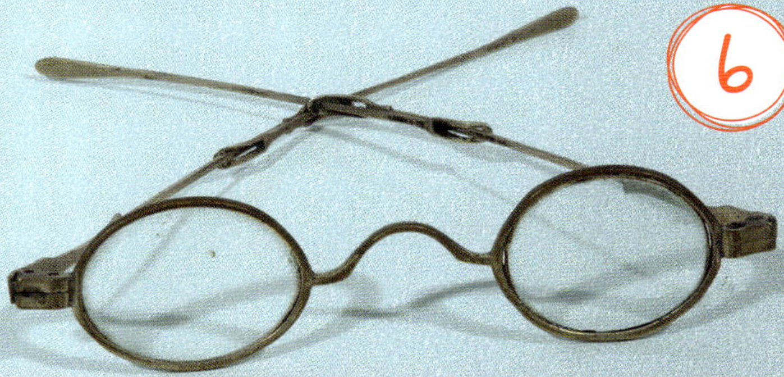

6

3

4

5

Stiel- und die Scherenbrille

Die Stiel- und die Scherenbrille waren Brillen, die man sich vor die Augen halten konnte. Beide Brillenarten waren besonders bei Frauen beliebt. Die Scherenbrille war eigentlich nur eine Umkehrung der Nietbrille. Auf einer V-förmigen Halterung waren die Gläser befestigt. Bei der Stielbrille, die im 19. Jahrhundert hauptsächlich verwendet wurde, waren zwei Gläser durch einen Steg verbunden. Auf einer Seite hatte man zusätzlich noch einen Stiel zum Festhalten angebracht.

Zwicker

Schon im 16. Jahrhundert wurde der Zwicker beliebt. Er bestand aus zwei Gläsern, die meist in Metall gefasst waren. Verbunden waren die Gläser durch einen gewölbten Federbügel ebenfalls aus Metall. Durch die Wölbung konnte man sich den Zwicker auf die Nase stecken. Zur Vermeidung von Druckstellen brachte man auf den Auflagestellen an der Nase kleine Lederpolster an. Bis weit ins 19. Jahrhundert hinein wurde der Zwicker verwendet.

BEGRIFFSKLÄRUNG:

Ihren Namen verdankt die Brille dem Mineral Beryll. Es wurde auch zur Herstellung von Lesesteinen verwendet. Einen Lesestein aus Beryll bezeichnete man in abgeänderter Form auch als »Brill«.

1848/49 n. Chr.

Die Revolution von 1848

Anstecknadeln in Schwarz-Rot-Gold

Anfang 1848 brachen in vielen europäischen Staaten Revolutionen aus. Dahinter stand überall der Wunsch nach nationaler Selbstbestimmung. Auch in den Staaten des Deutschen Bundes forderten Revolutionäre – auf Grundlage von sprachlicher und kultureller Einheitlichkeit – die Errichtung eines Nationalstaates. Sie zeigten das mit Anstecknadeln in Schwarz, Rot und Gold, dem Symbol der deutschen Einheit.

Kurzer Sieg

Im Wiener Kongress 1814/15 hatte man Europa nach der Niederlage Napoleons neu geordnet. Das führte zu wirtschaftlichen, gesellschaftlichen und politischen Konflikten. Sie entluden sich Anfang 1848 in Volksaufständen: im Januar in Italien, im Februar in Frankreich, von wo aus sie auf große Teile Europas übergriffen, so auch auf die Staaten des Deutschen Bundes. Die betroffenen Fürsten beugten sich rasch den sogenannten »Märzforderungen« der Revolutionäre. Unter anderem wurden Wahlen zu einer Nationalversammlung zugestanden und so trat im Mai 1848 die erste frei gewählte deutsche Volksvertretung in der Frankfurter Paulskirche zusammen. 1849 verabschiedete sie eine Reichsverfassung. Doch kurz darauf schlugen die beiden deutschen Großmächte Preußen und Österreich die Revolution mit militärischer Gewalt nieder. Auch in anderen europäischen Staaten fand sie ein gewaltsames Ende.

Die Frankfurter Paulskirche

Langfristige Folgen

Die Revolution in Europa und im Deutschen Bund scheiterte, weil die Erwartungen der Menschen zu unterschiedlich und damit unvereinbar waren. Die Fürstenhäuser waren schnell wiedererstarkt und konnten auf das Militär zurückgreifen. Doch die Revolution von 1849 hat langfristige Veränderungen angeregt: Verfassungen wurde angedacht oder verabschiedet, die Grundrechte des Menschen ins allgemeine Bewusstsein gerückt und eine Parlamentarisierung angestoßen, d.h. die Einrichtung von gesetzgebenden Volksvertretungen.

Was man über die Revolution von 1848 noch wissen muss:

- In Italien und auch im Deutschen Bund scheiterte 1849 die Gründung eines Nationalstaates. 1861 entstand – unter ganz anderen Voraussetzungen – das Königreich Italien, 1871 wurde das Deutsche Reich gegründet.
- Viele der europäischen Revolutionäre gingen nach 1849 in die USA. In der noch jungen amerikanischen Demokratie sahen sie ihre eigenen Ideale und Hoffnungen bereits verwirklicht.

Der Kommunismus

Karl-Marx-Orden

Auf die Industrialisierung und ihre Folgen reagierten Karl Marx (1818 bis 1883) und Friedrich Engels (1820–1895) 1848 mit ihrer Schrift »Das kommunistische Manifest«. Sie kritisierten darin die Ausbeutung der Arbeiter sowie die Anhäufung von Reichtum durch die Unternehmer und beschrieben ihre Idealvorstellung einer klassen- und herrschaftslosen Gesellschaft. Karl Marx galt im 20. Jahrhundert vielen Staaten, die ein kommunistisches System einführten, als Wegbereiter.

Gemeinschaftlich

Der Begriff Kommunismus leitet sich vom lateinischen Wort »communis« ab, was so viel wie »gemeinsam« bedeutet. Er wurde um 1840 in Frankreich geprägt. Marx und Engels entwarfen ihre Vorstellung von einer Gesellschaft, in der kein Mensch über einen anderen herrschen sollte. Die Produktionsmittel, d. h. Fabriken, Bauernhöfe usw., sollten nicht Einzelnen gehören, sondern der Gemeinschaft und von dieser bewirtschaftet werden. Im Gegensatz zur Marktwirtschaft, in der Angebot und Nachfrage im Mittelpunkt stehen, sollte im Kommunismus die Planwirtschaft alles regeln: Man überlegt vorab, was die Gemeinschaft zum Leben und Wirtschaften benötigt, und produziert es entsprechend.

Schöne Vorstellung

Die Idee von einer klassen- und herrschaftslosen Gesellschaft, wie sie Karl Marx und andere entwickelten, scheint auf den ersten Blick sehr menschenfreundlich. Ihre Umsetzung in der Wirklichkeit zeigte im 20. Jahrhundert, dass sie sehr viele Probleme mit sich bringt. Schon die Einführung einer kommunistischen Gesellschaftsform war meist mit Zwang und Gewalt verbunden. Und auch in kommunistischen Systemen musste jemand herrschen. Zudem war die Natur des Menschen, der häufig nach Macht und Besitz strebt, nicht auszuschalten. Kritik am Kommunismus wurde brutal unterdrückt. Die Planwirtschaft scheiterte an ihrer Unbeweglichkeit.

Ehemalige Kolchose (Gemeinschaftsbetrieb) in der Sowjetunion

Karl Marx

Was man über den Kommunismus noch wissen muss:

- Kommunistisch-sozialistische Systeme gibt es heute noch in China, Vietnam, Laos und Kuba. Diese Staaten haben die politische Theorie ihren Bedürfnissen angepasst.
- Das Scheitern des Kommunismus am Ende des 20. Jahrhunderts hatte in erster Linie wirtschaftliche Gründe. Ohne entsprechende Einnahmen durch den Außenhandel konnte die staatliche Planwirtschaft nicht erfolgreich betrieben werden.

Allgemeiner Deutscher
Arbeiterverein
1863
Mitgliedschaft Stuttgart.

Die Gewerkschaften

Gewerkschaftsfahne

Arbeiter der Gewerkschaft Verdi streiken für mehr Lohn.

Der Allgemeine Deutsche Arbeiterverein (ADAV) wurde 1863 gegründet. Er entwickelte sich zur ersten größeren Partei der noch jungen deutschen Arbeiterbewegung. In vielen deutschen Städten gründete man lokale Ableger, um die Arbeiterschaft möglichst umfassend zu erreichen. Bei Demonstrationen und bei Versammlungen trugen die Vereine als Zeichen der Zusammengehörigkeit eine Fahne vor sich her.

Gemeinsam stark

Durch die Industrialisierung entstand eine neue gesellschaftliche Gruppe: die (Fabrik-)Arbeiter. Anfangs waren sie oft der Willkür der Arbeitgeber ausgesetzt. Sie konnten z. B. häufig vom gezahlten Lohn nur knapp ihren Lebensunterhalt bestreiten. Wer protestierte, arbeitete nicht und verdiente gar kein Geld. Auf jeden Arbeiter kamen genügend andere, die ihn ersetzen konnten und noch billiger waren. Schon bald war den Arbeitern klar, dass sie sich zusammenschließen mussten, um etwas zu erreichen. Und das taten sie: in Gewerkschaften.

Was man über die Gewerkschaften noch wissen muss:

- In Deutschland ist der Deutsche Gewerkschaftsbund (DGB) die übergeordnete Organisation für acht große Einzelgewerkschaften. Dazu gibt es noch den Deutschen Beamtenbund und den Christlichen Gewerkschaftsbund.
- In vielen Ländern der Erde hat die Bedeutung von Gewerkschaften abgenommen. Auch die Mitgliederzahlen sind meist rückläufig. In den westlichen Industriestaaten hat die Zahl der Arbeiter deutlich abgenommen.

Langfristige Folgen

In Deutschland entstanden erste Gewerkschaften während der Revolution von 1848, sie wurden aber bald wieder verboten. Erst in den 1860er-Jahren kam es zu vielen neuen Gewerkschaftsgründungen. Wenn auch Streiks zunächst erfolglos blieben und die Arbeitgeber keine oder kaum Zugeständnisse machten, stärkten die Arbeitsniederlegungen das Selbstbewusstsein der Arbeiterbewegung. Die Gewerkschaften forderten vor allem höhere Löhne und kürzere Arbeitszeiten. Arbeitszeiten von 14 und mehr Stunden waren damals keine Seltenheit.

Arbeiterparteien

Parallel zu den Gewerkschaften setzten sich neu gegründete politische Parteien für die Interessen der Arbeiter ein: in Deutschland z. B. der Allgemeine Deutsche Arbeiterverein und die Sozialdemokratische Arbeiterpartei, aus der sich die Sozialdemokratische Partei Deutschlands (SPD) entwickelte; in Großbritannien z. B. die Labour Party. Die Zusammenarbeit von Gewerkschaften und Parteien verbesserte die Situation der Arbeiterschaft in Europa allmählich.

Schokoladenfabrik im 19. Jahrhundert

Die Evolutionstheorie

Charles Darwin

Darwinfinken

Von 1831 bis 1836 reiste der Wissenschaftler Charles Darwin (1809–1882) mit einem Vermessungsschiff der britischen Marine über die Weltmeere. Bei einem Zwischenhalt auf den Galapagosinseln, die im östlichen Pazifik vor der Küste Ecuadors liegen, machte er interessante Beobachtungen: Die dort lebende Finken-Art hatte sich je nach Insel und Nahrungsangebot unterschiedlich entwickelt. Ähnliches fiel ihm auch bei den dort lebenden Schildkröten auf.

Die unterschiedlichen Schnabelformen der Galapagos-Finken

Entstehung der Arten

Nachdem Darwin von seiner Forschungsreise nach England zurückgekehrt war, entwickelte er aus seinen Beobachtungen eine wissenschaftliche Theorie. Es dauerte 20 Jahre, bis er seine Ergebnisse 1859 in dem Buch »Über den Ursprung der Arten« veröffentlichte. Es war eine Sensation, die das Weltbild der Menschen dauerhaft wandelte: Darwin behauptete, alle Arten würden sich aufgrund verschiedener Einflüsse stetig entwickeln und verändern. Dabei würden immer nur die überleben, die sich ideal an die Umwelt anpassen. Er spricht hier von einer »natürlichen Auslese«. Über viele Generationen hinweg forme sich die Art dauerhaft um. Diesen Prozess nannte Darwin Evolution. Das Wort kommt von dem lateinischen *evolvere*, was so viel wie »entwickeln« bedeutet.

Neue Weltsicht

Mit dieser Behauptung stand Darwins Theorie vollkommen im Gegensatz zur Auffassung der Bibel, nach der Gott die Erde mit allen Pflanzen und Lebewesen in kürzester Zeit erschaffen habe. Darwin ging davon aus, die Natur habe sich allmählich aus verschiedenen Urformen entwickelt. Damit war auch der Mensch keine Besonderheit mehr. Zahlreiche Kritiker wandten sich gegen die Ansichten des Forschers, vor allem die Kirche.

Darwins Theorie wurde seither immer wieder ergänzt und in Teilen auch korrigiert. Aber der Grundsatz der Evolutionstheorie ist bis heute unumstritten und allgemein anerkannt. Sie bildet die Grundlage der modernen Biowissenschaften.

Warum die Evolutionstheorie für die Geschichte der Menschheit von großer Bedeutung ist:

- Bis zu Veröffentlichung der Evolutionstheorie war man davon überzeugt, dass sich alle Lebewesen stetig weiterentwickeln. Am Ende sollte die Vollkommenheit stehen.
- Darwin dehnte seine Theorie später auch auf den Menschen und den Affen aus. Beide hätten letztlich den gleichen Ursprung. Auch diese Annahme ist durch die Wissenschaft mittlerweile bestätigt worden.

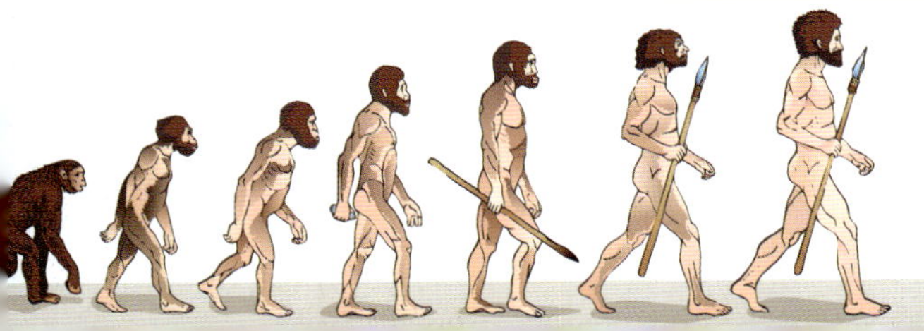

1871 n. Chr.

Gründung des Deutschen Reiches

Die »Pickelhaube«

Diese Kopfbedeckung für Soldaten der preußischen Armee wurde erstmals 1843 eingesetzt. Ihre typische Metallspitze sollte Hiebe von Schlagwaffen ablenken. Die Haube war nur ein Teil der für die Zeit modernen Ausrüstung der preußischen Armee. Auch ihre Waffen und Taktiken machten sie den anderen Armeen dieser Zeit überlegen.

Ausschluss Österreichs

Die nationale Einigung der Deutschen war ein Ziel der Revolution von 1848/49 gewesen. Doch ihr Scheitern hatte auch die Einigungsträume zunächst beendet.

Im Jahr 1866 brach zwischen Preußen und Österreich, den mächtigsten Staaten im Deutschen Bund, ein Krieg aus, in dem Österreich unterlag. Der Deutsche Bund wurde aufgelöst, der Norddeutsche Bund unter preußischer Führung gegründet. Österreich war von der weiteren deutschen Entwicklung ausgeschlossen. Der preußische Ministerpräsident Otto von Bismarck (1815–1898) nutzte nun den Wunsch nach nationaler Einigung, seine Pläne von einer Vorherrschaft Preußens in Deutschland zu verwirklichen. Ein Streit zwischen Preußen und Frankreich führte zur Vereinigung der deutschen Staaten zum Nationalstaat unter preußischer Führung. Im Deutsch-Französischen Krieg (1870/71) unterlag Frankreich den Truppen des Deutschen Bundes und der süddeutschen Staaten.

Deutscher Kaiser

Am 18. Januar 1871, noch vor Kriegsende, wurde der preußische König Wilhelm I. im Spiegelsaal des Schlosses von Versailles von den Fürsten zum deutschen Kaiser ausgerufen. Die nationale Einigung war vollzogen. Allerdings nicht durch den Willen des Volkes, wie es noch 1848/49 versucht worden war, sondern durch den Willen der Fürsten. Bismarck wurde Kanzler des Deutschen Reiches, einer wirtschaftlich und politisch bestimmende Großmacht in der Mitte Europas.

Der deutsche Kaiser Wilhelm I.

Otto von Bismarck

Was man über die Gründung des Deutschen Reiches noch wissen muss:

- Die süddeutschen Staaten ließen sich in ihren Reichsgründungsverträgen mit dem Norddeutschen Bund eine Reihe von Sonderrechten einräumen. So durfte Bayern beispielsweise die Branntwein- und Biersteuer einbehalten.
- Für die Flagge des Deutschen Reiches wurden nicht die Farben Schwarz, Rot und Gold gewählt wie noch 1848/49. Stattdessen setzte sich die Flagge aus den Farben Schwarz, Weiß und Rot zusammen, den Farben des Norddeutschen Bundes.

Zweite Hälfte 19. Jh. n. Chr.

Kolonialismus

Kakao

Hoheitszeichen aus Swakopmund

Ab Ende des 19. Jahrhunderts besaß das Deutsche Reich – wie zuvor schon andere europäische Länder – Kolonien in Afrika und Asien. Alle Kolonialherren bauten dort Verwaltungen mit Beamten auf, um ihre eigene Lebensweise und Religion den Einheimischen aufzuzwingen. Behörden und Ämter wurden mit den Hoheitszeichen der entsprechenden Länder versehen und Soldaten stationiert, um die Ansprüche der Kolonialherren zu sichern.

Eroberung und Ausbeutung

Kolonialismus bezeichnet die Eroberung und Inbesitznahme von Gebieten in anderen Erdteilen. Mit der Gründung einer Kolonie wurden die einheimischen Bewohner weitgehend rechtlos. Die meist auf Plantagen (Baumwolle, Kaffee, Tee, Kakao etc.) billig hergestellten oder in Bergwerken (Gold, Diamanten etc.) abgebauten Rohstoffe gingen in die Heimatländer der Kolonialherren. Fertige Waren wurden wiederum in den Kolonien verkauft.

Deutsche Architektur in Namibia

Weltweite Landnahme

Die ersten Kolonien gründeten die Portugiesen und Spanier im 15./16. Jahrhundert in Amerika, Afrika und Asien. Andere große Seefahrernationen folgten, wie Frankreich, die Niederlande und Großbritannien, das dank seiner zahlreichen Kolonien und großen Flotte bis zum 19. Jahrhundert zur weltumspannenden Großmacht aufstieg. Als zwischen 1870 und 1914 letzte Gebiete in Afrika unter mächtigen europäischen Staaten aufgeteilt wurden, bekam auch das Deutsche Reich Kolonien. Wirtschaftlich zahlte sich das aber nicht aus und wegen des Völkermords an den Stämmen der Herero.

Nach dem Zweiten Weltkrieg (1939–1945) endete das Zeitalter des Kolonialismus. Die Kolonien erlangten in den Jahren danach ihre Unabhängigkeit.

Was man über den Kolonialismus noch wissen muss:

- Der Begriff Kolonie stammt von dem lateinischen Wort »colonia«, was ursprünglich so viel wie »Ansiedlung außerhalb des römischen Bürgergebietes« bedeutete.
- Die Europäer zogen in den Kolonien willkürlich Grenzen. Sie blieben meist erhalten, als die Kolonialstaaten in die Unabhängigkeit entlassen wurden. Das führte vor allem in Afrika zu Konflikten und Kriegen, da manche Volksgruppen dauerhaft getrennt wurden oder verfeindete Volksgruppen zusammenleben mussten.

Ländergrenzen Afrikas

Ende 19. Jhd. n. Chr.

Fußball als Massenphänomen

Fußballspieler im 19. Jh.

WM-Pokal

Der englische FA Cup ist der älteste Fußball-Wettbewerb der Welt. Er wurde erstmalig 1871/72 ausgetragen. Es gewann der aus London stammende Verein Wanderers FC, der sich bereits 1887 wieder auflöste. Von Beginn an bekam der Sieger einen Pokal überreicht. Diese Praxis wurde dann auch für andere Fußball-Wettbewerbe übernommen. Der bekannteste aller Fußballpokale ist sicherlich der WM-Pokal, der alle vier Jahre dem Sieger der jeweiligen Fußballweltmeisterschaft überreicht wird.

Spielregeln schaffen

Über Tausende von Jahren hatten die Menschen bereits mit Bällen gespielt. Meist kamen dabei Hände und Füße zum Einsatz. Geburtsland des modernen Fußballs ist aber England. Anfangs gab es nur wenige feste Regeln, weder das Spielfeld noch die Mannschaftsgröße waren beschränkt. Sie wurden erst 1863 von Vertretern Londoner Fußballvereine ausgearbeitet und bis zur Jahrhundertwende weiterentwickelt. Zu ihnen zählen u. a. die noch heute gültigen einheitlichen Maße wie z. B. die Höhe des Tores, Seitenwechsel in der Pause oder der Einwurf mit beiden Händen.

Was man über Fußball noch wissen muss:

- Der älteste professionelle Fußballklub der Welt ist der englische Verein Notts County aus Nottingham. Er wurde 1862 gegründet.
- Der älteste Fußballverein Deutschlands ist der BFC Germania 88 aus Berlin. Er entstand 1888.

Wachsende Begeisterung

Die Popularität des Fußballs nahm in Großbritannien rasch zu. Es entstanden zahlreiche neue Vereine. 1872 wurde bereits das erste Länderspiel zwischen England und Schottland ausgetragen. In den nachfolgenden Jahren verbreiteten vor allem englische Geschäftsleute und Studenten das Fußballspiel auf dem europäischen Kontinent und in Südamerika. Im Deutschen Reich wurde der Sport zunächst nur zögerlich angenommen, dort stand der Turnsport an erster Stelle. Fußball wurde als »undeutsch« verunglimpft. Erst als Fußball mit wachsender Beliebtheit an den höheren Schulen des Landes gespielt wurde, gelang der Durchbruch. In den 1890er-Jahren wurden zahlreiche Vereine gegründet, 1900 auch der Deutsche Fußball Bund (DFB).

Heute ist die Sportart Fußball in Deutschland ein Milliardenmarkt.

1890
n. Chr.

Die nordamerikanischen Indianer

Büffelfell

Für die Prärieindianer Nordamerikas waren Büffel (auch Bisons genannt) die Lebensgrundlage. Das Fleisch diente als Nahrung, die Knochen als Material für Werkzeuge und Waffen. Aus dem Fell der Tiere machte man wärmende Kleidung und Decken, aus der Haut schützende Kleidung und Tipis. Wegen des Leders begannen um 1870 die Europäer, die Tiere im Übermaß zu jagen, und brachten damit die Prärieindianer in eine schwere Notlage. Lebten früher etwa 30 Millionen Büffel in Nordamerika, waren es 1894 nur noch rund 800.

Landraub

Vor Ankunft der Europäer in Nordamerika gab es dort etwa 400 Indianervölker, die in Stämmen lebten. Die Einwanderer sahen sie nur als Wilde und Heiden, nahmen ihnen rücksichtslos ihr Land, unterdrückten und töteten sie. Hunderttausende Ureinwohner starben auch an eingeschleppten Krankheiten wie Grippe, Masern und Pocken. Zwar widersetzten sie sich den Weißen, waren im Kampf aber oft unterlegen. Zahlreiche Friedensverträge sollten den Indianern Land garantieren, sie wurden von den Siedlern aber immer wieder gebrochen. Nach dem Amerikanischen Bürgerkrieg und der Abschaffung der Sklaverei wurden ab 1866 allen in den USA geborenen Menschen die gleichen Rechte gewährt, nicht jedoch den Indianern.

Indianer-Tipi

Federschmuck

Fast ausgerottet

1830 siedelte die US-Regierung Indianerstämme in abgegrenzte Reservate um, die sie verwaltete. Ohne Genehmigung durften Indianer sie nicht verlassen. Dort wurde versucht, sie umzuerziehen, sie sollten ihre Kultur vergessen. Es war ihnen verboten, ihre eigene Sprache zu sprechen und ihre Traditionen zu pflegen. Kleinere Aufstände wurden meist blutig niedergeschlagen. Der Völkermord an den Indianern endete erst nach dem Massaker am Wounded Knee im Dezember 1890, bei dem 300 indianische Kinder, Frauen und Männer von US-Soldaten getötet wurden. Zu diesem Zeitpunkt lebten noch etwa 250 000 Indianer in Nordamerika.

Bei der Büffeljagd

Noch heute feiern die Ureinwohner ihre Traditionen.

Was man über die Indianer Nordamerikas noch wissen muss:

- »Los Indios« nannte Kolumbus die Bevölkerung des Landes, das er 1492 entdeckte und für Indien hielt. Davon leitete sich die Bezeichnung »Indianer« für die amerikanischen Ureinwohner ab.
- Heute bezeichnen sich etwa 5,2 Millionen Menschen in Nordamerika (USA und Kanada) als Indianer. In den USA leben sie u. a. in mehr als 300 Reservaten.

CINEMATOGRAPHE

Die Entstehung des Films

Der Stummfilmstar Charlie Chaplin

Der Kinematograf

Zwei Brüder hatten einen ungewöhnlichen Apparat entwickelt, der – halb Kamera, halb Projektor – bewegte Bilder zeigen konnte: Im Dezember 1895 veranstalteten Auguste (1862–1954) und Louis Lumière (1864–1948) mit ihrem Kinematografen die erste öffentliche Filmvorführung in Frankreich. Gezeigt wurden selbst gedrehte Kurzfilme, die die Zuschauer sowohl in Schrecken als auch in Erstaunen versetzten.

Als die Bilder laufen lernten …

Bereits 1890 sollen Mitarbeiter des amerikanischen Erfinders Thomas Alva Edison (1847–1931) schon ein Aufnahme- und Betrachtungsgerät entwickelt haben, das sie »Kinetoskop« nannten. Da mit ihm immer nur eine Person den Film anschauen konnte, war damit kein Geld zu verdienen. Im November 1895 führten die Berliner Brüder Max (1863–1939) und Emil Skladanowsky (1866–1945) mit ihrem »Bioscop« erstmals ganz kurze Filme vor Publikum vor. Zwar gab es noch weitere Filmvorführer, durchsetzen konnte sich aber nur die Erfindung der Brüder Lumière.

Alle Vorführmaschinen ließen Einzelbilder so schnell aufeinanderfolgen, dass sich das Auge täuschen ließ und die Abfolge der Bilder als Bewegung wahrgenommen wurde. Eine Vorstufe dazu war die »Laterna magica« aus der Mitte des 17. Jahrhunderts, die gemalte Bilder mithilfe einer Lichtquelle und einer Lochlinse an die Wand warf. Der Brite Eadweard Muybridge (1830–1904) zeigte dann erstmals Serienfotos eines realen, galoppierenden Pferdes, was weitere Entwicklungen anstieß.

Laterna magica

Kino, Kino

Zunächst fanden Filmvorführungen nur auf Jahrmärkten und in Varietés statt. Bald schon entstanden die ersten Kinos: Theater, die nur Filme zeigten. Der große Erfolg der frühen Filme bestand auch darin, dass es Stummfilme waren. Sie konnten in verschiedenen Ländern gespielt werden, ohne dass etwas übersetzt werden musste. Die Entwicklung des Films war nicht mehr aufzuhalten.

Was man über die Entstehung des Films noch wissen muss:

- »Der große Eisenbahnraub« von 1903 war einer der ersten Kurzfilme, der eine erfundene, spannende Geschichte erzählte.
- Das Filmzentrum Hollywood entstand ab 1910. Dort waren die Rahmenbedingungen für das Drehen von Filmen ideal: Es gab genug Platz, nahezu durchgängig gutes Wetter und geeignete Lichtverhältnisse.

1896 n. Chr.

Die Olympischen Spiele der Neuzeit

Olympiamedaille

1896 fanden die ersten Olympischen Spiele der Neuzeit in Athen statt. Es nahmen 226 männliche Athleten aus 13 Nationen teil. Die meisten der Wettkämpfer stammten aus Griechenland. Die Sieger in den einzelnen Wettbewerben erhielten eine Silbermedaille und einen Olivenzweig, die Zweitplatzierten eine Bronzemedaille. Die Drittplatzierten bekamen ... nichts! Die Organisatoren hatten nicht genug Geld für weitere Preise.

Wiederbelebte Idee

Die Spiele der Antike wurden im Ort Olympia auf der Halbinsel Peloponnes in Griechenland ausgetragen, erstmals im Jahr 776 v. Chr. Bürger aus den griechischen Stadtstaaten traten in verschiedenen Wettkämpfen gegeneinander an. 394 n. Chr. wurden die Spiele durch den römischen Kaiser verboten. Der Franzose Pierre de Coubertin (1863–1937) hatte 1894 die Idee, die Olympischen Spiele wiederzubeleben. Sie sollten die Freundschaft zwischen den Nationen und gleichzeitig die geistige und körperliche Entwicklung der Jugend fördern. Seine Idee stieß auf großes Interesse und so gründete sich im selben Jahr das Internationale Olympische Komitee (IOC). Es wählte die Sportarten aus und legte die Regeln fest.

Das antike Olympia

Olympia wächst

Bei den ersten Spielen in Athen durften nur Männer teilnehmen. Bei den zweiten Spielen 1900 auch Frauen. Die Sportler mussten Amateure sein, d. h. sie durften mit ihrem Sport kein Geld verdienen – in unserer Zeit sind die Teilnehmer in der Regel Profisportler. Anfangs waren nur Sommerspiele geplant, ab 1924 kamen aber auch Winterspiele hinzu. Inzwischen ist die Zahl der Sportarten und der Teilnehmer enorm gestiegen: Allein bei den Sommerspielen treten mehr als 11 000 Sportler aus über 200 Nationen an.

Seit 1960 starten im Anschluss an die Olympischen Spiele die Paralympics für Sportler mit Behinderungen.

Rennen bei den Paralympics

Die olympischen Ringe

Was man über die Olympischen Spiele der Neuzeit noch wissen muss:

- 1916 sollten die Olympischen Spiele in Berlin stattfinden, was der Erste Weltkrieg verhinderte. In Deutschland fanden die Olympischen Sommerspiele bisher 1936 in Berlin und 1972 in München statt, die Olympischen Winterspiele 1936 in Garmisch-Partenkirchen.
- Das Symbol der Olympischen Spiele sind fünf ineinander verschlungene Ringe. Sie symbolisieren die fünf Kontinente Afrika, Amerika, Asien, Australien und Europa.

WOMAN
SUFFRAGE
GIVE HER OF THE FRUIT OF HER HANDS, AND LET HER OWN WORKS PRAISE HER IN THE GATES.

Gleichberechtigung und Frauenwahlrecht

Briefmarke zum Frauenwahlrecht

Suffragetten-Wahlplakat

Das Wahlrecht für Frauen war ein Hauptziel der Suffragettenbewegung engl. *suffrage* = Wahlrecht), die damit alle anderen Veränderungen auf dem Weg zur Gleichberechtigung verbunden sah. Besonders radikal forderten es Frauen Ende des 19. Jahrhunderts in Großbritannien ein. Die Aktivistinnen dort scheuten auch vor öffentlichen Protesten, Plakatkampagnen, Sachbeschädigungen und Hungerstreiks nicht zurück. In Großbritannien bekamen Frauen das volle Wahlrecht dennoch erst 1928.

Von Nachteil: Frau sein

Obwohl es im Lauf des 19. Jahrhunderts europaweit eine Reihe Reformen gab, blieben Frauen benachteiligt: Mädchen wurde eine höhere Bildung (Abitur und Studium) verweigert, arbeitende Frauen wurden schlecht bezahlt, Männer und Väter waren ihre rechtlichen Vertreter. Gleichberechtigung zu fordern, galt für Frauen als unweiblich, Männer hielten Frauen für nicht intelligent genug und zu emotional für politische Entscheidungen und damit auch für das Wahlrecht. Ihre wahre Bestimmung sei das Gebären von Kindern und die Sorge um die Familie und den Haushalt.

Suffragetten bei einer Demonstrationsveranstaltung

Laut fordern

Ab der Mitte des 19. Jahrhunderts entstanden in vielen Ländern Europas und in den USA Frauenbewegungen. Ihr Ziel war es, die Rechte der Frauen zu verbessern oder erstmals einzufordern. Zu den Anliegen gehörten z. B. Universitäten für Frauen zu öffnen, das Recht, akademische Titel zu erlangen oder in bestimmten Berufen, etwa als Ärztinnen, arbeiten zu können. Zu den Hauptforderungen zählten das Frauenwahlrecht und die vollständige rechtliche Gleichstellung der Frau. Erst im frühen 20. Jahrhundert wurde dies Frauen in den meisten europäischen Staaten und in den USA zugestanden. Nach Ausrufung der Republik in Deutschland 1918 konnten Frauen wählen gehen: 15 Millionen gaben am 19. Januar 1919 zur ersten Wahl für die Weimarer Nationalversammlung ihre Stimme ab.

Was man über Gleichberechtigung und Frauenwahlrecht noch wissen muss:

- Finnland führte 1906 als erstes Land in Europa das Wahlrecht für Frauen ein. 1971 bekamen es die Schweizerinnen und erst 1984 die Frauen in Liechtenstein.
- Der Allgemeine Deutsche Frauenverein (ADF) war der erste Frauenverein in Deutschland. Gegründet wurde er 1865 in Leipzig von Louise Otto-Peters und Auguste Schmidt.

MIT DEN SPIELSACHEN DURCH DIE ZEIT

1

Die Puppe

Die Puppe ist sehr wahrscheinlich das älteste bekannte Spielzeug der Menschheit. Schon in der Steinzeit spielten Kinder wohl mit einfach gestalteten Puppen. In der Antike konnten sich wohlhabende Familien erste Gelenkpuppen aus kostbaren Materialien leisten. Diesen Puppen konnte man Kleider anziehen und sie herausputzen. Auch im Mittelalter gab es vor allem für Mädchen prachtvolle Puppen. Jungen spielten mit Ritterfiguren und Ähnlichem. Die vielen armen Familien konnten sich all diese Dinge nicht leisten. Hier mussten die Kinder mit einfachen, häufig auch selbst hergestellten Spielsachen auskommen.

2

Antike Spielsachen

Eine wesentliche Anregung für die Gestaltung von Spielzeug kam schon immer aus der unmittelbaren Lebenswelt der Familien. Dinge, denen man im Alltag häufig begegnete, wurden auch als Spielzeug interessant. So spielten in der Antike viele Kinder mit den Nachbildungen von Fuhrwerken und Pferden oder anderen Nutztieren. Das Spielzeug von Jungen bestand meist aus Holzschwertern und Soldatenfiguren, das für Mädchen aus Puppen und Nachbildungen von Möbeln und anderen Gegenständen eines Haushalts. Dies sollte die Kinder auf ihre spätere Rolle in der Gesellschaft vorbereiten.

3

Das Schaukelpferd

as Schaukelpferd in seiner heutigen Form gibt es sehr ahrscheinlich erst seit dem 17. Jahrhundert. Doch bereits der Antike dienten Modellpferde als Spielzeug für Kinder. s gab Pferde, die man auf Rollen hinter sich herziehen onnte. Im Mittelalter kamen Übungsmodelle von Pferden inzu. Sie wurden u. a. bei der Ritterausbildung verwendet. rst im 19. Jahrhundert setzte sich das Schaukelpferd, von roßbritannien ausgehend, in Europa durch. Seine Beliebtheit verdankte es vor allem der beruhigenden Wirkung auf inder sowie der Vorbereitung auf das tatsächliche Reiten.

Elektronische Spiele

Der rasante technologische Fortschritt brachte im 20. und 21. Jahrhundert viele Neuerungen auf dem Spielzeugmarkt. In den Industrieländern gibt es wohl nur noch wenige Familien, in denen Kinder ohne elektronische Spiele, Spielkonsolen oder Spiele auf Handys, Tablets und PCs auskommen müssen. Dadurch hat ab einem gewissen Alter das Interesse an herkömmlichem Spielzeug deutlich abgenommen.

6

4

Blechspielzeug

Mit Beginn der Industrialisierung in Großbritannien gegen Ende des 18. Jahrhunderts wurden Spielsachen vermehrt aus Metall hergestellt. Aus dünnen Blechen konnte man nun die verschiedensten Dinge anfertigen. Ein besonders beliebtes Spielzeug waren funktionsfähige Dampfmaschinen in einer kindgerechten Größe. Auch die ersten dampfbetriebenen Spielzeugeisenbahnen kamen in den Handel. Diese wurden jedoch schon bald von elektrischen Eisenbahnen abgelöst.

5

Plasikspielsachen

Kunststoffe brachten im Lauf des frühen 20. Jahrhunderts einschneidende Veränderungen für die Spielzeugindustrie. Mit den neuen Materialien konnte Spielzeug einfacher und günstiger hergestellt werden und wurde für immer mehr Familien erschwinglich. Zudem konnte man die Kunststoffe in beinahe jede Form bringen. Hieraus ergaben sich ganz neue Möglichkeiten. Die niedrigen Produktionskosten führten dazu, Spielzeug aus verschiedensten Ländern der Welt einzuführen und zu verkaufen.

19. Jahrhundert

Moderne

Die Röntgenstrahlen
(1895)

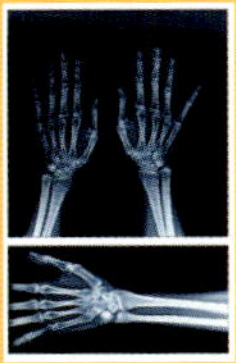

Der Physiker Wilhelm Conrad Röntgen (1845–1923) veröffentlichte 1895 seine Beobachtungen zu einer neuen Art von Strahlung, die er kurz zuvor entdeckt hatte. Er bezeichnete die Strahlen zunächst als »X-Strahlen«. Röntgen erforschte die Strahlen und ihre Wirkung eingehend. Um diese zu veranschaulichen, erstellte er eine Röntgenaufnahme der Hand seiner Frau. Nun konnte man ohne Operation in den Körper hineinschauen.

Entdeckung der Antarktis

Der russische Kapitän Fabian von Bellingshausen (1778–1852) gilt als einer der ersten Seefahrer, die in südlichen Meeresregionen einen »Eis-Kontinent« entdeckten. Es gelang ihm 1820 sogar die Umsegelung des neuen Kontinents. Später nannte man den Kontinent »Antarktika«, was so viel bedeutet wie »der Arktis gegenüber«. Die Antarktis ist der südlichste Kontinent, auch der Südpol befindet sich dort.

Kaiser Napoleon / Wiener Kongress

1804/ 1815

1820

1800

1820

1771 – 1833

Die Ursachen des Kindbettfiebers
(1847/48)

Dem Wiener Assistenzarzt Ignaz Semmelweis (1818 bis 1865) gelang es als erstem, eine Verbindung von mangelnder Hygiene und der hohen Sterblichkeit von jungen Müttern in Kliniken herzustellen. Die meist tödlich verlaufende Infektionserkrankungen wurde nach seinen Beobachtungen durch die verunreinigten Hände von Ärzten und Medizinstudenten übertragen. Eine Verbesserung der Handhygiene führte zu einem deutlichen Rückgang der Sterblichkeit.

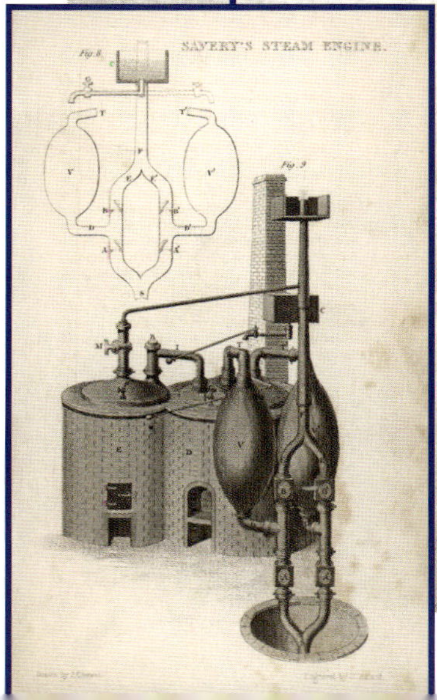

Erfindung der Dampflokomotive

Dem britischen Ingenieur Richard Trevithick (1771–1833) gelang 1804 mit der Verbindung von Fahrgestell und Dampfmaschine der Bau der ersten nutzbaren Dampflokomotive. Mit ihren aufwendigen und zahlreichen Bauteilen und der Beschleunigung des Gütertransportes wurde die Dampflokomotive innerhalb kürzester Zeit zu einem wichtigen Motor der Industrialisierung.

Das erste Überseekabel

Erst im dritten Anlauf gelang es, 1858 ein transatlantisches Telegrafiekabel von Südwestirland nach Neufundland zu verlegen. Das erste Telegramm versandte die englische Königin an den amerikanischen Präsidenten. Das Kabel war jedoch nur etwa vier Wochen funktionsfähig. Wahrscheinlich war Wasser eingedrungen. Erst 1866 konnte man ein neues Kabel verlegen, das sich als zuverlässig erwies.

Der Amerikanische Bürgerkrieg

(1861-1865)

Zwischen dem eher landwirtschaftlich geprägten Süden der USA und dem industriell geprägten Norden gab es Mitte des 19. Jahrhunderts Spannungen. Zum offenen Konflikt kam es über die Frage der Sklaverei. Die sklavenhaltenden Staaten des Südens traten aus der Union aus und schlossen sich als Konföderierte Staaten zusammen. Demgegenüber standen die in der Union verbliebenen Staaten, die man auch Nordstaaten nannte. 1861 brach der Krieg aus, der Tod und Verwüstung brachte. 1865 mussten die Konföderierten kapitulieren. Die Sklaverei wurde landesweit abgeschafft.

Revolution – 1848/49

1858

Gründung des Deutschen Reiches – 1871

Wounded Knee – 1890

1840 – 1860 – 1880 – 1900

1848 – Das Manifest der Kommunistischen Partei

1858/59 – Die Evolutionstheorie nach Charles Darwin

1863 – Allgemeiner Deutscher Arbeiterverein

1884 – Der Wettlauf um Afrika

1895 – Kinematograf

Der Wettlauf um Afrika

Im November 1884 trafen sich in Berlin die Vertreter verschiedener europäischer Staaten, der USA und des Osmanischen Reiches. Ziel der Konferenz war es, die Interessen auf dem afrikanischen Kontinent abzustimmen. Afrikaner waren nicht eingeladen. Ganz Afrika wurde unter den Mächten aufgeteilt. Auch das Deutsche Reich stieg zur Kolonialmacht auf.

Die Evolutionstheorie nach Charles Darwin

1905 n. Chr.

Die Relativitätstheorie

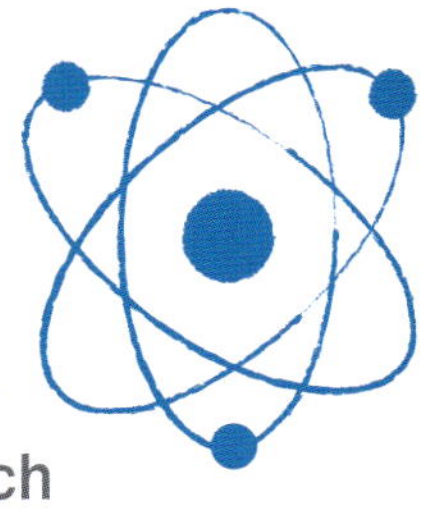

Die Formel $E=mc^2$

1905 entwickelte der Physiker Albert Einstein (1879–1955) die Spezielle Relativitätstheorie, mit der er bis dahin Unglaubliches behauptete: Zeit vergeht nicht immer gleich schnell und auch Längen sind nicht immer gleich lang. Seine berühmte Formel »E gleich m mal c Quadrat« ($E=mc^2$) besagt, dass Energie aus Masse und umgekehrt entstehen kann. Da die Zahl für die Masse mit der doppelten Lichtgeschwindigkeit malgenommen wird, heißt das: Aus sehr wenig Masse kann eine ungeheure Energie entstehen. Das zeigt sich bei der Kernspaltung, die in Atomkraftwerken genutzt wird und Atombomben ihre verheerende Wirkung gibt.

Patentes Genie

Bereits seit seiner Jugend hatte Einstein sich Gedanken über das Licht gemacht. Als junger Erwachsener arbeitete er im Patentamt der Schweizer Hauptstadt Bern. In dieser Zeit erdachte er die Spezielle Relativitätstheorie, die sich u. a. mit den Eigenschaften des Lichts beschäftigt. Licht breitet sich mit der immer gleichen Geschwindigkeit aus. Nichts ist schneller als das Licht. Einstein schloss daraus, dass Zeit nichts Absolutes ist. Wie schnell sie vergeht, hängt von der Geschwindigkeit eines Körpers ab: Je schneller ein Körper sich bewegt, desto langsamer vergeht die Zeit.

Albert Einstein

Geprüft und ergänzt

Das erscheint erst einmal unlogisch, konnte aber bewiesen werden. Von zwei exakt gleich gehenden Uhren blieb eine am Boden, während die andere eine Flugreise machte. Bei ihrer Rückkehr war auf der reisenden Uhr geringfügig weniger Zeit vergangen als auf der anderen. Bei nahezu Lichtgeschwindigkeit wären die Zeitunterschiede wesentlich deutlicher. Gleiches gilt für Längen: Je schneller sich z. B. ein Stab bewegt, umso kürzer wird er.

1916 ergänzte Einstein seine erste Theorie noch um die Allgemeine Relativitätstheorie. In ihr bringt er Materie (alles, was Raum einnimmt und eine Masse besitzt) mit Raum und Zeit in Verbindung und sagt, dass Materie die Raumzeit beeinflusst.

Was man über die Relativitätstheorie noch wissen muss:

- Ohne die Allgemeine Relativitätstheorie hätten wir heute keine funktionierenden Navigationsgeräte. Denn die Uhren in den Navigationssatelliten laufen im Vergleich zu den Uhren auf der Erde ein wenig zu schnell. Diese Verschiebung muss korrigiert werden, sonst könnte man nicht genau navigieren.

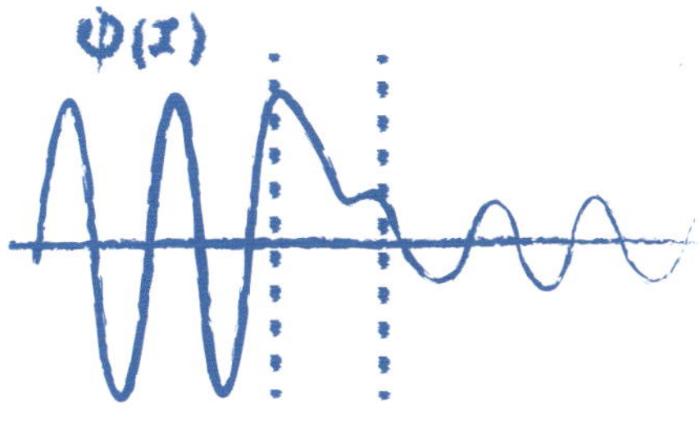

Anfang 20. Jh. n. Chr.

Der Kunststoff

Bakelittelefon

Bakelit war der erste rein synthetisch hergestellte Kunststoff. Der belgische Chemiker Leo Hendrik Baekeland (1863–1944) hatte ihn Anfang des 20. Jahrhunderts entwickelt. Bei der Herstellung entstand eine warme Masse, die man in beliebige Formen pressen und mit Wärme und Druck härten konnte. Bakelit ließ sich also für viele Dinge – auch Haushaltsgegenstände – verwenden, weshalb es ein großer Erfolg war. Mit Bakelit begann die moderne Kunststoffindustrie.

Neues Material

Kunststoffe werden künstlich hergestellt, d.h. sie kommen so in der Natur nicht vor. Sie entstehen entweder durch die Umwandlung von Naturprodukten wie z.B. Kautschuk oder synthetisch (von griechisch *synthesis* = Zusammenstellung) durch die Vermengung verschiedener Stoffe. Andere hinzugefügte Stoffe verändern die Eigenschaften oder die Farbe des Materials. Kunststoffe haben viele Vorteile. Sie sind vielseitig verwendbar, wasserabweisend und können einfach und günstig produziert werden.

Bereits im 19. Jahrhundert fand eine Reihe von Forschern und Tüftlern Ersatzmaterialien für knapp gewordene Naturprodukte. So führte die Suche nach einem Ersatzmaterial für Billardkugeln aus Elfenbein zur Entwicklung des nicht vollsynthetischen Zelluloids. Vor allem für die Fotografie und die Filmindustrie wurde dieses erste sogenannte Thermoplast zu einem bahnbrechenden Produkt.

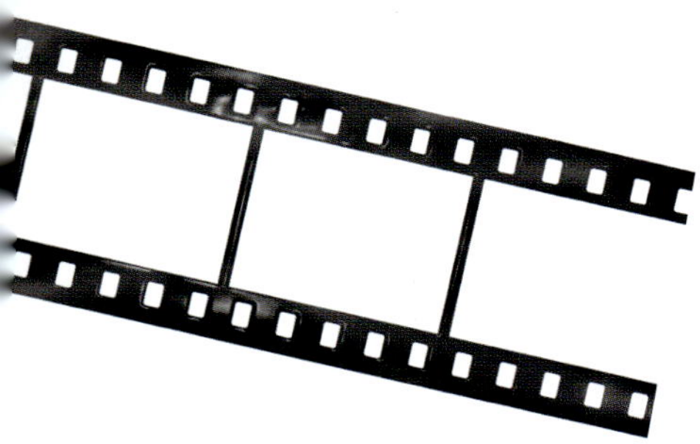

Zelluloid-Film

Plastikzeitalter

Die Begeisterung über den neuen und vielseitig verwendbaren Werkstoff, der umgangssprachlich auch Plastik heißt, war groß. Es wurden Produkte aller Art aus dem Material hergestellt, und zwar günstig und in großen Mengen. Die Preise für viele Alltagsgegenstände sanken dadurch. Über die langfristigen Folgen einer ungehemmten Kunststoffverwendung – und die Folgen für die Umwelt – machte man sich noch keine Gedanken.

Was man über den Kunststoff noch wissen muss:

- Streng genommen hantierten bereits die Neandertaler mit einem Kunststoff. Indem sie Birkenrinde kochten, stellten sie Birkenpech her. Dieses benutzten sie als Klebstoff für Werkzeuge und Waffen.
- Im 16. Jahrhundert war es einem Mönch gelungen, durch das Sieden eines Magerkäses einen Kunststoff herzustellen, der sich in verschiedene Formen bringen ließ und aushärtete.

Der Erste Weltkrieg

Gasmaske

Im April 1915 setzte das Deutsche Reich während des Ersten Weltkriegs bei der belgischen Ortschaft Ypern als erste Nation Giftgas als Kampfmittel ein. Etwa 5000 Soldaten starben qualvoll. Giftgas wurde schon bald auch von Frankreich und Großbritannien als Waffe verwendet. Bis Kriegsende starben etwa 70 000 Soldaten daran, etwa 1 Million erkrankte schwer. Atemschutzmasken wurden entwickelt, die bei einem drohenden Giftgasangriff schnellstmöglich angezogen werden mussten.

Im Kriegstaumel

Im August 1914 brach mit der deutschen Kriegserklärung der Erste Weltkrieg aus. Vorausgegangen waren jahrelange Spannungen zwischen den europäischen Mächten und die aggressive Außenpolitik des Deutsche Reiches. Im Krieg standen sich das Deutsche Reich und Österreich-Ungarn auf der einen, Frankreich, Großbritannien, Russland und ab 1917 auch die USA auf der anderen Seite gegenüber. Die Kriegsbegeisterung in ganz Europa war enorm. Alle Seiten glaubten an einen schnellen Sieg und dass der Krieg rasch beendet sei. Doch er entwickelte sich zum Stellungskrieg, die Kriegsparteien verschanzten sich auf den Schlachtfeldern in Frankreich, Belgien, Italien und Russland in Grabenanlagen von Hunderten Kilometern Länge. Keine der Kriegsparteien konnte sich durchsetzen, es wurde ein Krieg der Materialschlachten und des massenhaften Sterbens. Erst im November 1918 – die militärische Lage war für das Deutsche Reich nun aussichtslos – wurde ein Waffenstillstand geschlossen.

Schützengraben

Schlimme Folgen

Mehr als 9 Millionen Soldaten kamen im Ersten Weltkrieg um. Millionen von Überlebenden trugen dauerhafte körperliche und geistige Schäden davon. Auch die Zahl der getöteten Zivilisten ging in die Millionen.

Im Juni 1919 unterzeichnete Deutschland den Friedensvertrag von Versailles, von dessen Verhandlungen es ausgeschlossen war. Deutschland musste zahlreiche Gebiete abtreten, verlor alle Kolonien, wurde weitgehend entwaffnet und musste hohe Reparationen zahlen, hauptsächlich Geld, um Kriegsschäden zu beseitigen.

Was man über den Ersten Weltkrieg noch wissen muss:

- Im September 1916 wurden von den Briten erstmalig Panzer eingesetzt. Mithilfe der Panzer waren das Gelände und die Gräben des Gegners leicht zu überwinden.
- Der Erste Weltkrieg gilt in allen teilnehmenden Ländern als einschneidendes Ereignis. Vor allem bedeutet er das Ende einer seit 1871 bestehenden Friedenszeit und das Ende der Monarchie in Österreich-Ungarn, Deutschland und Russland.

1917 n. Chr.

Die Oktoberrevolution in Russland

Roter Stern

Anfang 1917 litt die russische Bevölkerung unter dem Krieg mit dem Deutschen Reich. Die Preise für Nahrungsmittel stiegen. Hunger und Elend waren weit verbreitet, die Soldaten erschöpft und schlecht ausgerüstet. Die vielen Bauern litten unter der Abhängigkeit von ihren Grundherren, die Arbeiter unter der Ausbeutung in den wenigen Fabriken des Landes. Im Februar 1917 kam es zu Massendemonstrationen, denen sich auch Polizisten und Soldaten anschlossen, woraufhin Zar Nikolaus II. (1868–1918) abdankte. Eine Übergangsregierung wollte den Krieg gegen das Deutsche Reich fortführen, was sie den Rückhalt in der Bevölkerung kostete.

Lenin übernimmt

Die Bolschewiki (wörtlich übersetzt »Mehrheitler«), eine radikale sozialistische Gruppierung, gewannen an Einfluss. Ihr Anführer, Waldimir Iljitsch Uljanow (1870–1924), Deckname Lenin, wollte einen Umsturz im Land und die Gesellschaft nach kommunistischen Grundsätzen neu gestalten. Am 25. Oktober besetzten die Bolschewiki alle wichtigen Gebäude und Straßen in Petrograd (heute Sankt Petersburg), der damaligen Hauptstadt Russlands. Die provisorische Regierung wurde abgesetzt.

Lenin bei einer politischen Veranstaltung

Lenin und seine Getreuen sicherten ihre Macht, indem sie die Forderungen der Arbeiter, Bauern und Soldaten erfüllten: Grund- und Fabrikbesitzer wurden enteignet, mit dem Deutschen Reich wurde ein Waffenstillstand geschlossen und im März 1918 ein Friedensvertrag unterzeichnet. Die Errichtung einer kommunistischen Diktatur gelang den Bolschewiki erst nach dem Sieg im Russischen Bürgerkrieg Ende 1922, als die Sowjetunion gegründet wurde.

Zar Nikolaus II.

Was man über die Oktoberrevolution noch wissen muss:

- Lenin und die Bolschewiki sahen die Revolution in Russland nur als Auftakt für eine kommunistische Weltrevolution. Nach dem Zweiten Weltkrieg gelang es, den kommunistischen Einflussbereich erheblich auszuweiten.
- Lenin war erst 1917 mit deutscher Hilfe aus seinem Exil in der Schweiz über Skandinavien nach Russland zurückgekehrt.

Revolutionsplakat

Reichsbanknote
Zwei Millionen Mark
zahlt die Reichsbankhauptkasse in Berlin gegen diese Banknote dem Einlieferer. Vom 1. September 1923 ab kann diese Banknote aufgerufen und unter Umtausch gegen andere gesetzliche Zahlungsmittel eingezogen werden
Berlin, den 9. August 1923
Reichsbankdirektorium
28A·016636

Die Weimarer Republik

Inflationsgeldschein

1923 lag die Wirtschaft im Deutschen Reich am Boden, auch dem Staat fehlte Geld. Um die Versailler Verträge zu erfüllen, druckte man immer mehr Geld, für das es aber keinen Gegenwert an Waren gab. Das Geld verlor weiter an Kaufkraft. Um das aufzufangen, stieg der Nennwert auf den Geldscheinen ständig an: Bald konnte man Milliarden von Mark mit nur einem Schein ausgeben. Diese Geldentwertung heißt Inflation. Erst mit Einführung der Rentenmark 1923 war die Währung wieder stabil.

Demokratischer Aufbruch

Im November 1918 wurde der deutsche Kaiser zur Abdankung gezwungen und die Republik ausgerufen. In Weimar trat nach Wahlen eine Nationalversammlung zusammen, die eine Verfassung ausarbeitete – was der ersten Republik auf deutschem Boden ihren Namen gab. An der Spitze der Republik stand ein Reichspräsident mit weitreichenden Befugnissen. Er konnte z. B. den Reichskanzler, der die Regierung leitete, ernennen und absetzen. Der erste Reichspräsident war 1919 Friedrich Ebert (1871–1925) von der SPD.

Schwieriges Fahrwasser

Bürgerkriegsähnliche Zustände, Morde an Politikern und gewaltsame Versuche, die Republik abzuschaffen, prägten die ersten Jahre der neuen Republik, ebenso die Zahlungen an die ehemaligen Kriegsgegner und eine Inflation. Ab 1924 erholte sich die deutsche Wirtschaft, auch dank amerikanischer Geldgeber. In der Außenpolitik löste sich das Deutsche Reich aus seiner Isolation durch Aussöhnung mit den ehemaligen Kriegsgegnern im Westen. Mit der Weltwirtschaftskrise ab 1929 wurde die Weimarer Republik destabilisiert. Extreme politische Parteien, meist Republikgegner wie Kommunisten und Nationalsozialisten, gewannen an Zulauf. Die Ernennung von Adolf Hitler am 30. Januar 1933 zum Reichskanzler markierte das Ende der ersten deutschen Republik.

Grammofon

Was man über die Weimarer Republik noch wissen muss:

- Eine dauerhafte Belastung in dieser Zeit war die sogenannte »Dolchstoßlegende«. Diese Propagandalüge behauptete, die deutsche Armee sei im Ersten Weltkrieg unbesiegt gewesen. Erst zivile Politiker seien ihr in den Rücken gefallen und hätten einen unnötigen Waffenstillstand geschlossen.
- Die »Goldenen Zwanzigerjahre« bezeichnen für Deutschland die Jahre 1924 bis 1929: Wirtschaft, Kultur und Wissenschaft blühten auf.

Mode der »Goldenen Zwanziger«

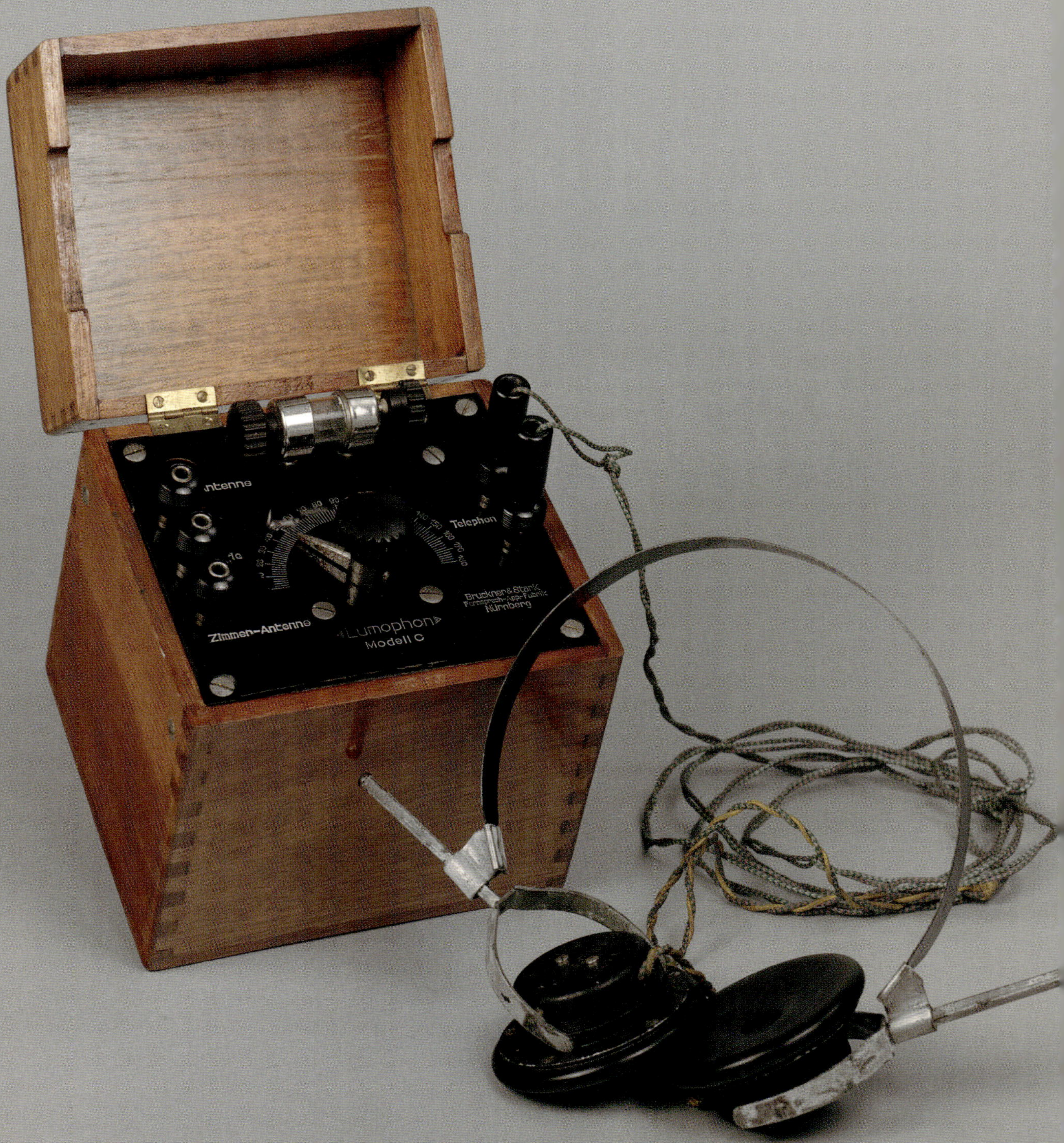
Telephon
Zimmer-Antenne
Lumophon
Modell C
Bruckner & Stark
Fernsprech-App.-Fabrik
Nürnberg

Altes Radio

Der Hörfunk

Eine Familie hört Radio.

Detektorenempfänger

Der Detektorenempfänger war zu Beginn des Hörfunks das einfachste Gerät, um Rundfunksendungen in einem begrenzten Umfeld zu empfangen. Er fand bis Ende der 1940er-Jahre Verwendung. Hören konnte man dabei nur über Kopfhörer. Der große Vorteil der Geräte war, dass sie keine eigene Stromquelle brauchten: Sie bezogen die nötige Energie aus den vom Sender empfangenen Wellen.

Gute Unterhaltung

Ende des 19. und Anfang des 20. Jahrhunderts waren eine Reihe von technischen Erfindungen und Entwicklungen notwendig, bis die ersten Empfangsgeräte in größeren Stückzahlen hergestellt werden konnten. Gemeinhin gilt der 2. November 1920 als Geburtsstunde des Hörfunks: Damals wurden in Pittsburgh, USA, erstmals Wahlergebnisse über einen Sender an Empfangsgeräte ausgestrahlt. Die Zahl der Sendestationen nahm nun weltweit rasant zu. 1923 startete in Berlin der erste Rundfunksender. Mitte der 1920er-Jahre war das Radiohören bereits ein alltägliches Vergnügen geworden. Auch die Empfangsgeräte wurden immer benutzerfreundlicher.

Informationen und Musik

In der Folge spielte das Radio bei der Verbreitung von Informationen und Wissen eine bedeutende Rolle. Viele wichtige Ereignisse, wie z. B. die Reden von Politikern oder bedeutende Sportereignisse, konnte man über das Radio miterleben. Erst mit dem Aufkommen des Fernsehens Ende der 1950er- bzw. Anfang der 1960er-Jahre nahm die Bedeutung des Hörfunks ab. Allerdings blieb das Radio für die Verbreitung von neuen Musikrichtungen und das Bekanntwerden neuer Sängerinnen oder Sänger bzw. Bands bis ins 21. Jahrhundert maßgebend.

Noch immer ist der Hörfunk ein beliebtes Medium, wenn auch der Stellenwert durch andere Möglichkeiten, Informationen zu beziehen und Musik zu hören, stark abgenommen hat.

Was man über den Hörfunk noch wissen muss:

- Radiosender müssen für das Abspielen von Liedern eine Gebühr entrichten. Diese Gebühren werden in der Regel von einer Zentralstelle eingesammelt und an die Rechteinhaber der Lieder verteilt.
- Die staatlichen Radiosender in Deutschland werden über den Rundfunkbeitrag finanziert, den jeder Haushalt zahlen muss. Private Radiosender finanzieren sich über Werbung.

MIT DEM TELEFON DURCH DIE ZEIT

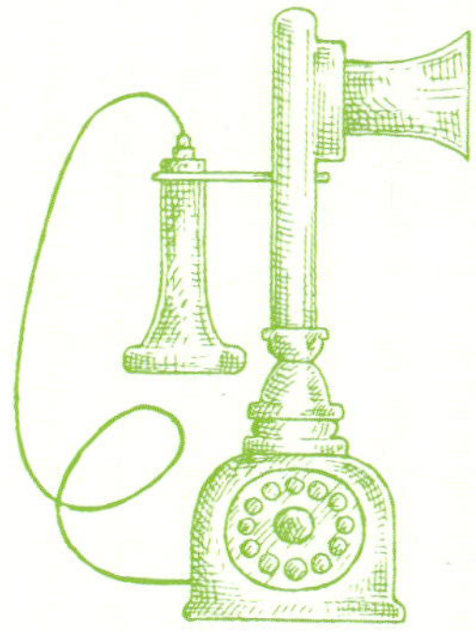

3

Das erste Telefon

Dem Erfinder Alexander Graham Bell (1847–1922) gelang die entscheidende Weiterentwicklung des Telefons. Seine Konstruktion erlaubte die Kommunikation in beide Richtungen und er konnte Mikrofon und Hörer vereinigen. Wie auch bei anderen Telefongeräten in der Zeit wurden Schallwellen in elektrische Schwingungen umgewandelt und umgekehrt. Bell soll sich für seine Konstruktion großzügig bei konkurrierenden Erfindern bedient haben. In zahlreichen Gerichtsprozessen konnte er jedoch alle Anschuldigungen abwehren.

1

Morsetelegraf

Den ersten Schritt zur Entwicklung des Telefons machte der US-Amerikaner Samuel Morse (1791–1872). Er erfand 1837 den nach ihm benannten Morsetelegrafen. Damit war eine wichtige Voraussetzung für die Konstruktion des Telefons geschaffen: Die Übertragung von Signalen durch elektrische Leitungen. Die Telegrafie erfreute sich trotz des Erfolges des Telefons noch bis ins 20. Jahrhundert großer Beliebtheit.

2

Die erste Fernsprechverbindung

Die Erfindung des Telefons lässt sich keiner einzelnen Person zuschreiben. Es war eine Reihe von Erfindern, die wichtige Beiträge leisteten. Johann Philipp Reis konnte 1861 mit seiner Konstruktion erstmals eine funktionierende elektrische Fernsprechverbindung aufbauen. Sein Apparat hatte einen Sender und einen Empfänger. Angeblich lautete der erste Satz, der übermittelt wurde: »Das Pferd frisst keinen Gurkensalat.« Seine Erfindung stieß jedoch zunächst auf wenig Interesse.

Die automatische Telefonvermittlung

Um ein Gespräch mit einem anderen Teilnehmer zu führen, musste man im Telefonnetz an diesen Teilnehmer vermittelt werden. Dies geschah zunächst über eine manuelle Vermittlung. In einer Zentrale wurden Leitungen von Hand umgesteckt und so die gewünschte Verbindung hergestellt. 1913 wurde die automatische Telefonvermittlung eingeführt. Über einen Nummernschalter konnte eine Rufnummer nun direkt gewählt werden. Bedient wurde der Schalter über eine Wählscheibe, auf der sich die Zahlen 1 bis 9 sowie die 0 befanden. Die gewählten Nummern unterbrachen die Telefonleitung in einer bestimmten Abfolge und teilten sie so der Vermittlungsstelle mit.

4

6

Das Smartphone

Mitte der 1990er-Jahre wurde in den USA das erste »Smartphone« (deutsch: »kluges Telefon«) verkauft. Es war ein Mobiltelefon, das mehr Funktionen anbot als ein Standardgerät. Zunächst gab es eine Adress- und Nummernverwaltung und Textverarbeitungsprogramme. Mittlerweile kann man mit den Geräten im Internet surfen, fotografieren, filmen, navigieren und verschiedene Medien abspielen. Das wichtigste Merkmal eines Smartphones ist der berührungsempfindliche Bildschirm, über den alle Funktionen gesteuert werden können.

5

Das Mobiltelefon

ereits seit Beginn des 20. Jahrhunderts beschäftigten sich Wisnschaftler und Tüftler mit dem drahtlosen Telefonieren. Ziel war , ein tragbares Telefon herzustellen, das über Funk mit dem lefonnetz in Kontakt treten konnte. Zur Mitte des Jahrhunderts ar es bereits möglich, über in Autos eingebaute Geräte mobil zu lefonieren. 1983 brachte eine amerikanische Firma das erste aktisch verwendbare Mobiltelefon auf den Markt. Das große teresse an dieser neuen Art des Telefonierens begünstigte die sche technologische Entwicklung.

BEGRIFFSKLÄRUNG:

Das Wort *Telefon* setzt sich zwei altgriechischen Worten zusammen: *tēle* bedeutet *fern* und *phōnē* meint u. a. Laut, Ton. Der deutsche Erfinder Johann Philipp Reis (1834–1874) verwendete es für seine Konstruktion eines Vorläufers des modernen Telefons.

1928 n. Chr.

Entdeckung des Penizillins

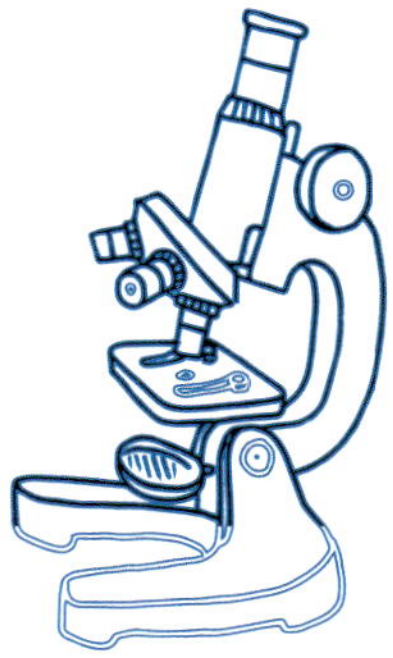

Petrischale

1928 legte der Mediziner und Bakteriologe Alexander Fleming (1881 bis 1955) eine Bakterienkultur in einer Petrischale an und ging dann in Urlaub. Nach seiner Rückkehr stellte er fest, dass sie von einem Schimmelpilz befallen war, und wollte sie wegwerfen. Bei genauerer Betrachtung fiel ihm aber auf, dass an allen Stellen, an denen der Pilz sich ausgebreitet hatte, die Bakterien verschwunden oder abgestorben waren: So entdeckte er durch Zufall die Grundlage für die Entwicklung moderner Antibiotika im 20. Jahrhundert. Das sind Stoffe, mit denen bakterielle Infektionen behandelt werden.

Experimentierphase

Fleming unternahm weitere Versuche. Er fand heraus, dass der Pilz eine für die Bakterien tödliche Substanz absonderte, die jedoch für Tiere ungiftig war: Er nannte sie Penizillin. Seine Erkenntnisse veröffentlichte er in verschiedenen Fachzeitschriften. Doch sein Bericht stieß auf kein Interesse. Fleming bemühte sich, aus dem Pilz die wirksame Substanz herauszulösen. Als ihm dies nicht gelang, gab er seine Forschungen auf.

Penizillinherstellung in den USA

Im Einsatz

Mit dem Beginn des Zweiten Weltkriegs wurde die Suche nach einem Medikament zur Wundheilung verstärkt. Die Forscher Howard Flores (1898–1968) und Ernst Chain (1906–1979) untersuchten Mittel, von denen bekannt war, dass sie Bakterien töten, und stießen auf das von Fleming beschriebene Penizillin. In Laborversuchen mit Ratten wurde die Wirksamkeit des Stoffes rasch deutlich. In den USA gelang es, Penizillin massenhaft herzustellen, und das US-Militär behandelte damit ab 1944 Wundinfektionen bei Soldaten. 1945 konnten es dann auch Zivilisten gegen ein Rezept beziehen. Im selben Jahr erhielten Fleming, Flores und Chain den Medizin-Nobelpreis.

Das Penizillin wird auch heute noch verwendet. Inzwischen gibt es unterschiedliche Antibiotika für verschiedene Krankheiten.

Paul Ehrlich

Was man über die Entdeckung des Penizillins noch wissen muss:

- Bereits vor Alexander Fleming hatten einige Wissenschaftler die Wirkung des Schimmelpilzes auf bestimmte Bakterien erkannt. Sie fanden jedoch in der Wissenschaft aus verschiedenen Gründen keine Anerkennung.
- Der deutsche Forscher Paul Ehrlich hatte schon 1910 das erste Antibiotikum der Geschichte entwickelt. Es wirkte aber nur gegen ein einziges Bakterium und wurde nicht aus einem Pilz gewonnen.

Die Weltwirtschaftskrise 1929

Arbeitslose in der Warteschlange

Börsenticker

Die USA hatten in den 1920er-Jahren einen enormen wirtschaftlichen Aufschwung erfahren: Die Produktion wuchs, die Börsenkurse stiegen scheinbar unaufhaltsam. Viele Amerikaner wollten daran teilhaben und kauften Aktien. Oft nahmen sie dafür Kredite bei Banken auf. Im ganzen Land interessierte man sich nun für die Kurse an der Börse, die über Börsenticker vermeldet wurden: Diese Fernschreiber konnten sie, ebenso wie Nachrichten, mithilfe von elektrischen Signalen versenden.

Börsen-Crash

Als die amerikanische Wirtschaft Ende der 1920er-Jahre in eine Krise geriet, war die Weltwirtschaft bereits abhängig von den USA. Die Firmen dort hatten zu viele Waren aller Art produziert, die sich nicht mehr verkaufen ließen, weil der Bedarf gedeckt war. Betriebe wurden geschlossen, Arbeiter entlassen. Am 24. Oktober 1929 begannen die Aktienkurse an der Börse zu sinken und brachen am nächsten Tag ein. In Panik versuchten die Menschen, ihre Aktien abzustoßen, egal zu welchem Preis – woraufhin die Kurse immer weiter fielen. Bis 1933 verloren die Aktien etwa 75 % ihres Wertes und viele Menschen ihr ganzes Vermögen. Oder sie konnten Kredite nicht mehr zurückzahlen. Banken, die Geld verliehen hatten, gingen pleite.

Verelendung

Der Börsen-Crash hatte in vielen Ländern Südamerikas und Europas schlimme Folgen. Die amerikanischen Banken forderten nun überall Kredite zurück, so auch vom Deutschen Reich, das sie jedoch nicht zurückzahlen konnte. Ohne die weitere amerikanische Unterstützung brach die deutsche Wirtschaft ein. Die Folgen waren Firmenpleiten, Bankenzusammenbrüche und Massenarbeitslosigkeit. Daraus ergaben sich neue Probleme für die Gesellschaft. Es gab Massenverelendung, Menschen mussten hungern und litten unter Mangelernährung. Die Verbrechen nahmen zu, ebenso radikale politische Ansichten. Die Nationalsozialisten gewannen an Zulauf.

Börsenkurs

Was man über die Weltwirtschaftskrise noch wissen muss:

- Der sogenannte »Schwarze Freitag«, an dem die Börsenkurse einbrachen, war in den USA ein Donnerstag. Seinen Namen erhielt er, weil es in Europa bereits nach Mitternacht war, als die Nachrichten von der Börse eintrafen.
- In den USA sorgte der »New Deal«, das war eine Reihe von Wirtschafts- und Sozialreformen, ab 1933 für erneuten Aufschwung.

Die erste Fußball-Weltmeisterschaft

Fußball

Das erste WM-Finale der Fußballgeschichte fand am 30. Juli 1930 in Montevideo, der Hauptstadt Uruguays, vor etwa 93 000 Zuschauern statt. Vor dem Anpfiff hatten die Finalteilnehmer Uruguay und Argentinien darum gestritten, wer den Spielball stellen sollte. Der Schiedsrichter ließ zwei Bälle zu, musste aber für eine weitere Entscheidung ein Münze werfen: So kam in der ersten Halbzeit der Ball von Argentinien, in der zweiten Halbzeit der von Uruguay zum Einsatz.

Eigenständiger Wettbewerb

Die FIFA, der Weltfußballverband, wurde 1904 in Paris gegründet. Doch erst bei den Olympischen Spielen 1924 in der französischen Hauptstadt traten nationale Auswahlmannschaften von verschiedenen Kontinenten gegeneinander an. Uruguay gewann im Endspiel gegen die Schweiz. Das Turnier selbst war ein großer Zuschauererfolg, so wurde ein eigener Wettbewerb außerhalb der Olympischen Spiele beschlossen. Daran konnten dann auch Profifußballer, die es z. B. in Großbritannien bereits gab, teilnehmen. Gastgeberland wurde Uruguay, das 1930 100 Jahre Unabhängigkeit feierte.

Der Siegerpokal

Erstaustragung

Für die Weltmeisterschaft in Uruguay mussten sich die Teilnehmer nicht qualifizieren, die FIFA sprach Einladungen an verschiedene Länder aus. Wegen der langen und beschwerlichen Anreise nahmen mit Frankreich, Rumänien, Belgien und Jugoslawien nur vier Mannschaften aus Europa teil. Die restlichen Teams stammten vom amerikanischen Kontinent. Nach den Vorrunden- und Halbfinalspielen standen sich letztlich der Gastgeber und Argentinien gegenüber. Uruguay gewann mit vier zu zwei Toren und bekam den Siegerpokal überreicht. 1950 wurde Uruguay nochmals Weltmeister. Argentinien gewann den Titel 1978 und 1986.

Heute ist die Fußball-Weltmeisterschaft das Sportereignis, das die meisten Zuschauer in die Stadien bringt und vor die Bildschirme zieht.

Was man über die Fußball-Weltmeisterschaft noch wissen muss:

- Der nach dem FIFA-Präsidenten benannte erste WM-Pokal »Coupe Jules Rimet« wurde 1983 in Brasilien gestohlen und sehr wahrscheinlich von den Dieben eingeschmolzen.
- Die Fußball-WM wird seit 1930 regelmäßig im Abstand von vier Jahren ausgetragen. Nur 1942 und 1946 fielen die Turniere wegen des Zweiten Weltkriegs und seine Folgen aus.

NATIONAL-SOZIALISTISCHE
-D.A.P.-

Die Zeit des Nationalsozialismus

Parteiabzeichen

Adolf Hitler

Die Nationalsozialistische Deutsche Arbeiterpartei (NSDAP) wurde 1920 gegründet. Ab 1921 war Adolf Hitler (1889–1945) ihr Vorsitzender. Das Parteiprogramm der NSDAP war gekennzeichnet durch einen ausgeprägten Nationalismus, eine radikale Judenfeindlichkeit und eine grundsätzliche Ablehnung der Demokratie. Als die Nationalsozialisten 1933 die Macht übernahmen und Adolf Hitler zum Reichskanzler ernannt wurde, bekam die Partei immer mehr Mitglieder. Sie trugen ein Abzeichen mit schwarzem Hakenkreuz auf weißem Grund.

NS-Diktatur

Kaum an der Macht, errichteten die Nationalsozialisten eine Diktatur. Politische und persönliche Grundrechte wurden stark eingeschränkt, alle Parteien und Gewerkschaften wurden verboten oder aufgelöst. Es regierten allein Hitler und seine NSDAP. Andersdenkende wurden brutal verfolgt und entrechtet. Viele kamen in Konzentrationslager oder verließen das Land. Wirtschaftliche Maßnahmen, die zunächst die Lebenssituation der Deutschen verbesserten, sicherten Hitlers Position, steigerten seine Beliebtheit und die der Partei.

Die Nationalsozialisten gründeten zahlreiche Organisationen, mit deren Hilfe sie die gesamte Gesellschaft durchdringen wollten. Vor allem Kinder und Jugendliche wurden mit der »Hitlerjugend« und dem »Bund deutscher Mädel« früh im Sinne des Nationalsozialismus erzogen.

Rassenwahn

Die Nationalsozialisten waren überzeugt von der Überlegenheit der »germanischen Rasse«. Alle anderen galten als minderwertig, insbesondere Juden wurden verunglimpft und entmenschlicht. Für die Weiterentwicklung der »Herrenrasse« wollten die Nationalsozialisten »Lebensraum« schaffen. Das gipfelte im Überfall auf Polen am 1. September 1939, womit der Zweite Weltkrieg begann. Das NS-Regime führte seine grausame Herrschaft weiter, bevor es 1945 besiegt wurde. Hitler nahm sich kurz vor Kriegsende das Leben.

Was man über die Zeit des Nationalsozialismus noch wissen muss:

- Den überlebenden Führungsfiguren der Nazi-Diktatur wurde ab Ende 1945 der Prozess gemacht. Viele von ihnen erhielten Todes- oder lange Haftstrafen.
- Durch die sogenannte »Entnazifizierung« versuchten die Siegermächte in der Nachkriegszeit, alle Bereiche der deutschen Gesellschaft von den Einflüssen des Nationalsozialismus zu befreien.

Gerichtsgebäude der Kriegsverbrecherprozesse in Nürnberg

EIN DEUTSCHES FLUGBLATT

DIES ist der Text eines deutschen Flugblatts, von dem ein Exemplar nach England gelangt ist. Studenten der Universität München haben es im Februar dieses Jahres verfasst und in der Universität verteilt. Sechs von ihnen sind dafür hingerichtet worden, andere wurden eingesperrt, andere strafweise an die Front geschickt. Seither werden auch an allen anderen deutschen Universitäten die Studenten „ausgesiebt“. Das Flugblatt drückt also offenbar die Gesinnungen eines beträchtlichen Teils der deutschen Studenten aus.

Aber es sind nicht nur die Studenten. In allen Schichten gibt es Deutsche, die Deutschlands wirkliche Lage erkannt haben; Goebbels schimpft sie „die Objektiven“. Ob Deutschland noch selber sein Schicksal wenden kann, hängt davon ab, dass diese Menschen sich zusammenfinden und handeln. Das weiss Goebbels, und deswegen beteuert er krampfhaft, „dass diese Sorte Mensch zahlenmässig nicht ins Gewicht fällt“. Sie sollen nicht wissen, wie viele sie sind.

Wir werden den Krieg sowieso gewinnen. Aber wir sehen nicht ein, warum die Vernünftigen und Anständigen in Deutschland nicht zu Worte kommen sollen. Deswegen werfen die Flieger der RAF zugleich mit ihren Bomben jetzt dieses Flugblatt, für das sechs junge Deutsche gestorben sind, und das die Gestapo natürlich sofort konfisziert hat, in Millionen von Exemplaren über Deutschland ab.

Manifest der Münchner Studenten

Erschüttert steht unser Volk vor dem Untergang der Männer von Stalingrad. 330.000 deutsche Männer hat die geniale Strategie des Welt- kriegsgefreiten sinn- und verantwor- tungslos in Tod und Verderben gehetzt. Führer, wir danken Dir!

Es gärt im deutschen Volk. Wollen wir weiter einem Dilettanten das Schicksal unserer Armeen anver- trauen? Wollen wir den niedrigsten Machtinstinkten einer Parteiclique den Rest der deutschen Jugend opfern? Nimmermehr!

Der Tag der Abrechnung ist gekommen, der Abrechnung unserer deutschen Jugend mit der verab- scheuungswürdigsten Tyrannei, die unser Volk je erduldet hat. Im Namen des ganzen deutschen Volkes fordern wir von dem Staat Adolf Hitlers die persönliche Freiheit, das kost- barste Gut der Deutschen zurück, um das er uns in der erbärmlichsten Weise betrogen hat.

In einem Staat rücksichtsloser Knebelung jeder freien Meinungs- äußerung sind wir aufgewachsen.

Der Widerstand gegen den Nationalsozialismus

Flugblatt

Die »Weiße Rose« war eine studentische Widerstandsgruppe an der Universität München um die Geschwister Hans (1918–1943) und Sophie Scholl (1921–1943). Sie riefen mit anonym verteilten Flugblättern zum Widerstand gegen die Nationalsozialisten auf. Hans und Sophie Scholl wurden Anfang 1943 bei einer Flugblatt-Aktion erwischt, verhaftet und nur wenige Tage später hingerichtet, kurz darauf auch andere Mitglieder der Gruppe. Die Weiße Rose gilt bis heute als Symbol für Mut und Zivilcourage.

Dagegen stehen

Obwohl Widerstand gegen die Nationalsozialisten und Adolf Hitler zu leisten lebensgefährlich war, entschloss sich eine Reihe von Menschen trotzdem dazu. Sie taten es aus moralischen, politischen und religiösen Überzeugungen oder einfach aus reiner Menschlichkeit.

Widerstand zog sich durch alle gesellschaftlichen Gruppen: Würdenträger der Kirche, die das Handeln der Nationalsozialisten nicht mit dem christlichen Glauben in Einklang bringen konnten, leisteten ihn ebenso wie Gruppen aus der Arbeiterschaft oder das Netzwerk »Rote Kapelle« mit rund 400 Personen. Es gab auch Einzelne, die sich zum Handeln genötigt sahen. Der aus Württemberg stammende Schreiner Georg Elser (1903–1945) wollte im November 1939 Adolf Hitler bei einer Versammlung altgedienter Nationalsozialisten mit einer Bombe töten. Doch Hitler überlebte den Anschlag. Elser wurde gefasst und 1945 kurz vor Kriegsende in der Haft getötet.

Der Bürgerbräukeller nach dem Elser Attentat

Das Attentat

In der Wehrmacht, so hieß die deutsche Armee im Nationalsozialismus, waren nur wenige zum Widerstand bereit. Und doch: Am 20. Juli 1944 verübte eine Gruppe von Offizieren, darunter Claus Schenk Graf von Stauffenberg, einen Bombenanschlag auf Adolf Hitler. Nach Hitlers Tod wollten sie die Macht im Staat übernehmen und den Krieg beenden. Hitler überlebte leicht verletzt. Die Attentäter wurden hingerichtet.

Sophie Scholl

Was man über den Widerstand gegen den Nationalsozialismus noch wissen muss:

- Viele Menschen leisteten auch passiven Widerstand. So hoben sie bei größeren Veranstaltungen – und das war nicht ungefährlich – nicht den Arm zum »Hitlergruß«.
- Die »Swing-Jugend«, die es in verschiedenen deutschen Städten gab, leistete Widerstand, indem sie u.a. amerikanische Swing-Musik hörte und dazu tanzte. Damit grenzte sie sich von der Hitlerjugend und ihrer militärisch ausgerichteten Art der Freizeitgestaltung ab.

1939 - 1945 n. Chr.

Der Zweite Weltkrieg

Luftangriff

Schutzbeutel

Am 6. Juni 1944 landeten vor allem britische, amerikanische und kanadische Soldaten von See her in der nordfranzösischen Normandie. Nach zum Teil verlustreichen Kämpfen konnten sie die deutschen Besatzer zum Rückzug zwingen. Unter den Soldaten befanden sich auch Journalisten, die von den Ereignissen berichten sollten. Sie schützten ihr Filmmaterial in wasserdichten Beuteln. So blieben Foto- und Filmdokumente von der Landung der Alliierten erhalten.

»Blitzkrieg«

Am 1. September 1939 überfiel die deutsche Armee Polen. Daraufhin erklärten Großbritannien und Frankreich dem Deutschen Reich den Krieg. Polen kapitulierte bald vor der deutschen Wehrmacht. Die besetzte Anfang 1940 auch Dänemark und Norwegen und im Mai und Juni die Niederlande, Belgien und Frankreich. Der folgende Versuch, Großbritannien durch Luftangriffe zu besiegen, misslang. Im Juni 1941 startete Deutschland einen Vernichtungskrieg gegen die Sowjetunion, der sich ausdrücklich gegen Kommunisten, Juden und große Teil der sonstigen Zivilbevölkerung richtete. Die deutschen Soldaten drangen weit ins Land vor, bevor sie sich ab 1943 nach Westen zurückziehen mussten. Das Land wurde verwüstet, zahllose Zivilisten starben.

Ruinen im zerbombten Dresden

Anfang vom Ende

Anfang Dezember 1941 traten die USA in den Zweiten Weltkrieg ein, kurz nach dem Überfall der mit dem Deutschen Reich verbündeten Japaner auf den amerikanischen Flottenstützpunkt Pearl Harbor auf Hawaii. Bis 1945 drängten die USA die Japaner im Pazifikraum schrittweise zurück.

In Europa rückten die Alliierten 1944 nach der Landung in der Normandie von Westen und von Osten auf das deutsche Reichsgebiet vor. Der Krieg in Europa endete am 8. Mai mit der bedingungslosen Kapitulation der Wehrmacht. Im Pazifik ging er erst im September 1945 nach Abwurf zweier Atombomben auf die japanischen Städte Hiroshima und Nagasaki zu Ende. Insgesamt hat der Zweite Weltkrieg etwa 70 Millionen Menschenleben gefordert.

Was man über den Zweiten Weltkrieg noch wissen muss:

- Vor dem Angriff auf Polen war es zum Abschluss eines auf zehn Jahre befristeten deutsch-sowjetischen Nichtangriffspaktes gekommen. Darin wurde auch die Aufteilung Polens und des Baltikums vereinbart.
- Die deutsche Armee beging im Zweiten Weltkrieg zahlreiche Kriegsverbrechen: u.a. Massenmorde an Zivilisten sowie die Misshandlung und Ermordung von Kriegsgefangenen.

Landung in der Normandie

Der Holocaust

Kleidung der Häftlinge

Gelber Stern

Diesen Aufnäher mit der Aufschrift »Jude« mussten Menschen jüdischen Glaubens tragen, zuerst 1939 in Polen, dann auch im Deutschen Reich und in anderen deutsch besetzten Gebieten. Die Zwangskennzeichnung war Teil der Entrechtung und Ausgrenzung: Der Träger sollte in der Öffentlichkeit jederzeit als Jude erkennbar sein.

Judenfeindlichkeit

Unmittelbar nach ihrer Machtübernahme begannen die Nationalsozialisten damit, Juden auszugrenzen, zu enteignen und letztlich zu vertreiben. Um ihnen die Existenzgrundlage zu entziehen, wurde bereits 1933 zum Boykott jüdischer Geschäfte aufgerufen. Die »Nürnberger Gesetze« von 1935 schränkten die Rechte jüdischer Bürger weiter stark ein. Am 9. November 1938 zerstörten organisierte Schlägertrupps in der »Reichspogromnacht« im ganzen Reich Synagogen, Friedhöfe und jüdische Geschäfte.

Was man über den Holocaust noch wissen muss:

- Holocaust (altgriechisch für »vollständig verbrannt«) oder Shoa (hebräisch für »die Katastrophe«) bezeichnet die Massenvernichtung der Juden in Deutschland und Europa.
- In vielen deutschen Städten kann man »Stolpersteine« auf Gehwegen vor Häusern entdecken. Sie verzeichnen Namen und Lebensdaten von Menschen, die unter Hitler vertrieben, verschleppt oder ermordet wurden und die früher an diesen Orten gewohnt haben – jüdische Bürger, aber auch Sinti und Roma, Homosexuelle und weitere Opfer des Nationalsozialismus.

Stolpersteine

Warschauer Ghetto

Geplanter Völkermord

Die Nazis weiteten in den ersten Kriegsjahren ihre Maßnahmen gegen Juden auf Polen und die Sowjetunion aus. In verschiedenen polnischen Städten wurden sie in Ghettos, d.h. in abgeschlossenen Wohnvierteln, eingesperrt. Ab 1941 töteten Einsatzgruppen in Polen und der Sowjetunion etwa 500000 Juden. Auf der »Wannseekonferenz« planten hohe Partei- und SS-Funktionäre 1942 die »Endlösung der Judenfrage«: den systematischen europaweiten Völkermord an Juden. Sie beschlossen, Konzentrations- und Vernichtungslager zu errichten, größtenteils auf dem Gebiet des heutigen Polen, wohin die Menschen deportiert wurden. Dort wurden sie entweder direkt nach ihrer Ankunft in Gaskammern getötet oder zur Arbeit gezwungen. Viele Zwangsarbeiter starben an Entkräftung, Hunger, Krankheiten und Folter. Bis zum Kriegsende 1945 kamen etwa 6 Millionen Juden auf diese Weise um.

Deportationszug im Konzentrationslager Auschwitz

1945 n. Chr.

Atombombe

Die Atombombe

Atompilz

Geschmolzene Uhr

Mit dem Abwurf zweier Atombomben beendeten die USA den Krieg mit Japan: Am 6. und 9. August 1945 trafen sie die Städte Hiroshima und Nagasaki, was für deren Einwohner katastrophal war: Viele wurden sofort durch die immense Druckwelle der Explosion, die Strahlung oder die Hitze getötet, die selbst Alltagsgegenstände schmelzen ließ. An den Langzeitfolgen der radioaktiven Strahlung starben in den kommenden Jahren weitere Menschen. Die genaue Opferzahl kann nur geschätzt werden: Es sind bis heute wahrscheinlich mehr als 300000. Hiroshima und Nagasaki wurden zum Symbol für die Schrecken eines Atomkriegs.

Entfesselte Megakräfte

1938 gelang es dem deutschen Chemiker Otto Hahn (1879–1968) erstmals den Atomkern von Uran zu spalten, einem radioaktiven Element. Bei diesem Vorgang, der Kernspaltung, entsteht Energie, die sich in Wärme umwandelt. Atome sind die winzigen Bausteine, aus denen sich alle Stoffe zusammensetzen. Als Hahn seine Ergebnisse veröffentlichte, erkannten viele Wissenschaftler die Nutzungsmöglichkeiten: zur Energiegewinnung in Reaktoren – oder zum Bau einer Bombe mit enormer Zerstörungskraft. Dafür mussten allerdings viele Spaltungen in kurzer Zeit für eine Kettenreaktion stattfinden. Nur so konnte eine riesengroße Menge an Energie entstehen.

Das Manhattan-Projekt

Während des Zweiten Weltkriegs war die Angst groß, dass Nazi-Deutschland eine Atombombe entwickeln könnte. Deshalb drängten einige Wissenschaftler den US-Präsidenten selbst zum Bau einer solchen Bombe. Er genehmigte das Projekt, an dem phasenweise Hunderttausende Menschen mitarbeiteten. Es begann 1942 unter dem Decknamen »Manhattan« und wurde von dem amerikanischen Physiker Robert Oppenheimer (1904–1967) geleitet. Am 16. Juli 1945 zündete in der Wüste des US-Bundestaates New Mexico erstmals eine Atombombe. Nur wenige Wochen später warf man die Atombomben über Hiroshima und Nagasaki ab.

Viele Wissenschaftler, die die Atombombe mit entwickelten, bereuten das später, so auch Robert Oppenheimer.

Mahnmal in Hiroshima

Was man über die Atombombe noch wissen muss:

- Die USA sollen erwogen haben, eine Atombombe gegen das Deutschen Reich einzusetzen. Dazu kam es nicht, weil der Krieg in Europa im Mai 1945 endete.
- Die Atombombenabwürfe über Hiroshima und Nagasaki blieben bisher die einzigen in einem Krieg.

1945 n. Chr.

Die Vereinten Nationen

Der UNO-Hauptsitz in New York

UNO-Logo

Am 25. Juni 1945 unterzeichneten 50 Staaten die Charta der Vereinten Nationen (englisch »United Nations Organization« = UNO) und damit so etwas wie die Verfassung dieser neu gegründeten, weltumspannenden, friedensstiftenden Organisation. Bereits während des Zweiten Weltkriegs hatten die USA und Großbritannien beschlossen, sie ins Leben zu rufen, um Konflikte zwischen Nationen möglichst ohne Gewalt zu lösen. Das Logo der UNO zeigt den Erdkreis mit den von Menschen bewohnten Gebieten sowie zwei Olivenzweige.

Weltsicherheitsrat

Die Charta der Vereinten Nationen verbot den Krieg – das war bahnbrechend! Wer einen Krieg anzettelte, den konnten die Vereinten Nationen bestrafen. Davon ausgenommen sind allerdings die fünf ständigen und mächtigsten Mitglieder des Weltsicherheitsrates: Frankreich, Großbritannien, die USA, Russland und China. Diesem wichtigen Gremium gehören noch zehn nichtständige Mitglieder an: Sie sind nach Weltregionen aufgeteilt und werden für eine gewisse Zeit gewählt. Nur der Sicherheitsrat kann Entscheidungen treffen, an die sich alle zu halten haben, und seine Mitglieder haben ein Veto-Recht (lateinisch »veto« = »ich verbiete«). Einmal im Jahr tritt die Generalversammlung aus aktuell 193 Mitgliedsnationen zusammen. Sie kann nur unverbindliche Erklärungen verabschieden. Oberster Verwaltungsbeamter der UNO ist der Generalsekretär.

Einsatz mit und ohne Soldaten

Die Vereinten Nationen verfügen über kein eigenes Militär. Für jede Friedensmission müssen Nationen gefunden werden, die Soldaten entsenden. Diese Soldaten tragen im Einsatz einen blauen Helm mit dem Logo der Vereinten Nationen. Zur UNO gehören eine Reihe dauerhafter Hilfs- bzw. Sonderorganisationen: u. a. das Kinderhilfswerk UNICEF, die Weltgesundheitsorganisation WHO sowie der Internationale Währungsfond IWF.

Der Sitzungssaal

Was man über die Vereinten Nationen noch wissen muss:

- Deutschland ist erst seit 1990 Vollmitglied der Vereinten Nationen. 1973 waren die Bundesrepublik Deutschland (BRD) und die Deutsche Demokratische Republik (DDR) mit eingeschränkten Rechten aufgenommen worden.
- Als besondere Leistung der Vereinten Nationen gilt die Verabschiedung der Allgemeinen Erklärung der Menschenrechte am 10. Dezember 1948. Daran erinnert jedes Jahr der Internationale Tag der Menschenrechte.

DEF
3
ABC
2
1
GHI
4
JKL
5
MNO
6
PRS
7
8
TUV
9
WXY
0
OPERATOR

Kalter Krieg

Das »rote Telefon«

Es gilt als Inbegriff des Kalten Krieges: das rote Telefon, als letzte Möglichkeit der beiden Großmächte USA und Sowjetunion, sich bei einem drohenden militärischen Konflikt zu verständigen. Einfach zum Telefonhörer greifen konnten weder die amerikanischen noch die sowjetischen Staatsführer, denn das rote Telefon war ein Fernschreiber. Dieses Gerät übermittelte Nachrichten in Schriftform mithilfe elektrischer Signale.

Wettrüsten

Die Gegensätze zwischen den Westalliierten und der Sowjetunion traten direkt nach dem Zweiten Weltkrieg offen zutage. Während man im Westen auf Kapitalismus und Demokratie setzte, verfolgte die Sowjetunion das Ziel, Kommunismus und Einparteienherrschaft durchzusetzen. Die Sowjetunion wollte ihren Einfluss weltweit ausbauen, die USA genau dies verhindern – damit begann der Kalte Krieg. Bereits 1949 gründeten westliche Staaten den Nordatlantikpakt (NATO), die Staaten des Ostblocks, osteuropäische Staaten unter Kontrolle der Sowjetunion, antworteten 1955 mit der Gründung des Warschauer Pakts. Zwar kam es nicht zu einer offenen militärischen Auseinandersetzung zwischen den beiden Bündnissen, es wurden aber große politische, wirtschaftliche und technische Anstrengungen unternommen, um den Gegner abzuschrecken. Dazu zählte auch das atomare Wettrüsten: Es erreichte mit dem Bau von immer mehr Raketen mit noch mehr Sprengkraft und noch größerer Reichweite in den 1970er- und 1980er-Jahren seinen Höhepunkt.

Indirekte Kämpfe

Die Großmächte trugen ihre Konflikte nicht direkt, sondern in einer Reihe von Stellvertreterkriegen aus, u. a. im Koreakrieg (1950–1953), Vietnamkrieg (1964–1975) oder Afghanistankrieg (1979–1980). In diesen Kriegen war je eine der Großmächte direkt beteiligt, während die andere die Gegenseite unterstützte. Mit der Auflösung des Warschauer Pakts und dem Zusammenbruch der Sowjetunion 1991 endete der Kalte Krieg.

Russische Raketen

Fahne der NATO

Was man über den Kalten Krieg noch wissen muss:

- Der Beitritt der BRD zur NATO 1955 zog die Wiederbewaffnung und die Gründung der Bundeswehr nach sich.
- Der Kampf zwischen den Systemen wirkte sich auch auf den Sport aus. Aus Protest gegen den Einmarsch der Sowjetunion in Afghanistan boykottierte der Westen 1980 die Olympischen Spiele in Moskau. Der Osten reagierte 1984 mit einem Gegenboykott der Olympischen Sommerspiele in Los Angeles.

VOLKS-
WIRTSCHAFTS-
PLAN 1950
Unsere nationale Aufgabe
VORFRISTIGE
PLANERFÜLLUNG UND
FRIEDENS-HEKTARERTRÄGE
verbessern auch DEIN Leben!
DEUTSCHE WERTPAPIER-DRUCKEREI M 301 / Z 1317
Herausgegeben vom Sekretariat der Nationalen Front des demokratischen Deutschland

Die Entstehung zweier deutscher Staaten

Symbol der DDR: Hammer und Zirkel im Ährenkranz

Planwirtschaft-Plakat

Ökonomisch folgte die 1949 gegründete Deutschen Demokratische Republik (DDR) der Sowjetunion: Sie setzte auf Planwirtschaft. Das hieß, für einen gewissen Zeitraum, meist fünf Jahre, wurde von zentraler Stelle festgelegt, was und wie viel in Industrie, Landwirtschaft und Bergbau produziert oder gefördert wurde. Die Arbeiter wurden überall – auch auf Plakaten – dazu angehalten, den Plan möglichst rasch zu erfüllen – nur dann, so dachte man, könne das System erfolgreich sein.

Getrennte Wege

Schon kurz nach Kriegsende lenkten die jeweiligen politischen Auffassungen der Siegermächte USA, Großbritannien und Frankreich auf der einen, sowie die Sowjetunion auf der anderen Seite die Zukunft Deutschlands in unterschiedliche Richtungen: Die Westalliierten traten für Demokratie und Marktwirtschaft ein, die Sowjetunion für Einparteienherrschaft und Planwirtschaft. Den Marshall-Plan, ein amerikanisches Aufbauprogramm für das zerstörte Europa, lehnte die Sowjetunion ab. Er brachte den westlichen Besatzungszonen ebenso wie die Währungsreform mit der Umstellung auf die D-Mark jedoch bald einen wirtschaftlichen Aufschwung.

Deutsch-deutsche Teilung

Die Westalliierten trieben die Gründung eines Staates auf dem Gebiet ihrer Besatzungszonen voran. Am 23. Mai 1949 wurde in Bonn feierlich das Grundgesetz unterzeichnet, damit entstand formal die Bundesrepublik Deutschland (BRD). Die Gründung der Deutschen Demokratischen Republik (DDR) erfolgte am 7. Oktober 1949. Eine vorläufige Volkskammer, wie man das Parlament dort nannte, trat zusammen und verabschiedete eine Verfassung. Wichtigster Mann im Staat war der Erste Sekretär der Sozialistischen Einheitspartei Deutschlands (SED).
Damit war die Teilung Deutschlands vollzogen. Sie war Ausdruck eines grundsätzlichen Konflikts zwischen den Siegermächten des Zweiten Weltkriegs.

Was man über die Entstehung zweier deutscher Staaten noch wissen muss:

- BRD und DDR traten 1956, 1960 und 1964 bei insgesamt drei Olympischen Sommer- und Winterspielen als gesamtdeutsche Mannschaft an.
- Erst 1973 unterzeichneten die BRD und die DDR einen Grundlagenvertrag über die Beziehungen zwischen beiden deutschen Staaten. Bis dahin sah sich die BRD als einzige rechtmäßige Vertretung des deutschen Volkes.

die D-Mark

die Ost-Mark

Das deutsche Grundgesetz

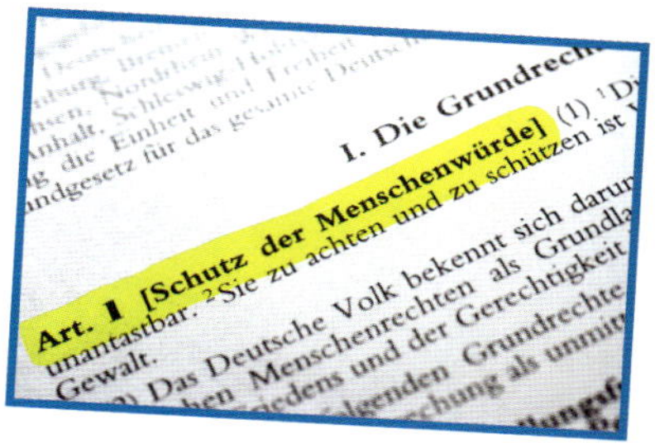

Füller

Bei der Unterzeichnung des Grundgesetzes in Bonn am 23. Mai 1949 waren alle Mitglieder des Parlamentarischen Rates, der das Gesetz erarbeitet hatte, anwesend. Sie unterzeichneten in einem festlichen Akt mit einem dem Anlass angemessenen Füller das Dokument. Formal wurde damit die Bundesrepublik Deutschland (BRD) gegründet.

Feinarbeit

Die vier Siegermächte hatten Deutschland in vier Besatzungszonen unter sich aufgeteilt. In den westlichen Sektoren erteilten die Westalliierten führenden deutschen Politikern den Auftrag zum Aufbau eines demokratischen Staates und zur Ausarbeitung einer Verfassung. Sie legt die politische Grundordnung eines Staates in Form von Gesetzen fest.

Ab September 1948 tagte der Parlamentarische Rat in Bonn, um das Grundgesetz im Detail auszuformulieren. Dabei sollten die Erfahrungen mit der Verfassung der Weimarer Republik berücksichtigt werden. Nachdem der Hauptstreitpunkt um die Verteilung der Aufgaben zwischen dem Bund und den Ländern geklärt war, wurde das Grundgesetz mit großer Mehrheit angenommen. Ihm stimmten, bis auf den bayerischen Landtag, alle Landesparlamente zu. Das Grundgesetz trat aber auch in Bayern in Kraft, da es ausreichte, wenn zwei Drittel der Länder es billigten.

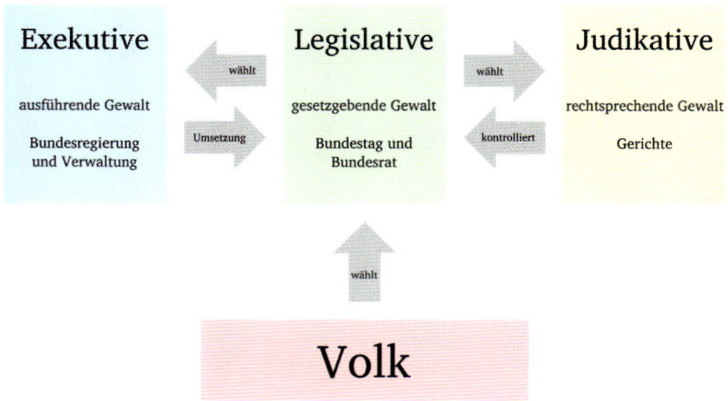

Gewaltenteilung

Praxistext bestanden

Die Artikel 1 bis 19 des Grundgesetzes befassen sich mit den Grundrechten der Bürger, u. a. Meinungsfreiheit, Religionsfreiheit sowie Pressefreiheit. Alle nachfolgenden Artikel behandeln die staatliche Organisation. Sie legt z. B. fest, dass »alle Staatsgewalt« vom Volk ausgeht: Es entscheidet in regelmäßigen Abständen durch Wahlen über die Zusammensetzung der Regierung. Die Regierung setzt als politische Führung des Staates politische Entscheidungen um.

Da sich das Grundgesetz in der BRD bewährt hatte, wurde es für das wiedervereinigte Deutschland 1990 beinahe unverändert übernommen.

Was man über das Grundgesetz noch wissen muss:

- Da man die Teilung Deutschlands als nicht dauerhaft ansah und man die mögliche Gründung eines gesamtdeutschen Staates nicht blockieren wollte, nannte man das 1949 erarbeitete Dokument Grundgesetz und nicht Verfassung.
- Ein wesentliches Element des Grundgesetzes ist die Gewaltenteilung. Es gibt drei Gewalten in einem demokratischen Staat: die Gesetzgebung, die Rechtsprechung und die vollziehende Gewalt. Die drei Gewalten sollen in einem Gleichgewicht stehen und sich gegenseitig kontrollieren.

MIT DEM AUTO DURCH DIE ZEIT

1

Dampf-Fahrzeug

Bereits 1769 gelang es dem Franzosen Nicholas Cugnot (1725–1804), einen ersten sich selbst bewegenden Wagen zu bauen. Es handelte sich um ein dreirädriges Gefährt mit einem vorgelagerten Dampfkessel. Mithilfe des Dampfs sollte der Wagen angetrieben werden, um Lasten zu ziehen. Bei der ersten Fahrt vor Publikum bewegte sich das Fahrzeug in einem gemächlichen Tempo. Es trat jedoch eine Reihe von Problemen auf, sodass man das Projekt nicht weiterverfolgte.

2

Ottomotor

Bereits 1858 hatte ein französischer Konstrukteur einen Verbrennungsmotor entwickelt. Doch Nicolaus Otto (1832–1891) gelang 1876 mit dem Viertaktverbrennungsmotor ein entscheidender Entwicklungsschritt. Dabei entstand in vier Arbeitsschritten (Takten) Leistung durch Verbrennen von Gas oder Kraftstoff in einem Kolben. Das Prinzip des sogenannten Ottomotors ist bis heute die Basis für jeden Verbrennungsmotor.

Motorwagen

Der Ingenieur Carl Benz (1844–1929) konstruierte mit seinem Motorwagen 1885 das erste Automobil mit einem Verbrennungsmotor. Das dreirädrige Fahrzeug sah noch ein wenig wie eine Kutsche aus. Die Erfindung von Benz stieß zunächst auf wenig Interesse. Seine Frau Berta Benz (1849–1944) änderte das: Sie brach mit ihren Söhnen 1888 zu einer Überlandfahrt von Mannheim nach Pforzheim auf und bewies mit dieser ersten Autofahrt der Weltgeschichte die Praxistauglichkeit des Motorwagens.

3

Dieselmotor

Rudolf Diesel (1858–1913) stellte 1897 einen von ihm entwickelten Verbrennungsmotor vor. Im Unterschied zum Ottomotor entzündete sich der stark verdichtete Kraftstoff in einem Dieselmotor selbst. Er verbrauchte weniger Kraftstoff und war wirksamer. Doch die Motoren mussten stabil gebaut sein, weshalb sie ein deutlich höheres Gewicht als andere Verbrennungsmotoren hatten. Man verwendete die neue Motortechnologie deshalb zunächst nur auf Schiffen. Erst in den 1920er-Jahren wurden sie auch in Lastwagen und Pkw eingebaut.

4

6

5

Die erste Autofabrik

1903 gründete der Amerikaner Henry Ford (1863 bis 1947) eine Autofabrik. 1908 brachte er mit dem »Model T« ein Auto auf den Markt, das sich als sehr zuverlässig erwies. Zu einem großen Erfolg wurde es aber erst, als man es ab 1913 am Fließband herstellte. Da jetzt die Arbeiter nur noch für einzelne Schritte des Zusammenbaus zuständig waren, konnte man schneller und billiger produzieren. Der Verkaufspreis des Autos sank auf weniger als die Hälfte. Bald schon konnte es sich fast jeder leisten: Das »Model T« verkaufte sich mehr als 15 Millionen Mal.

Alternative Antriebe

Das Ende des Automobils mit Verbrennungsmotor ist abzusehen. Der Schutz der Umwelt und die Knappheit der fossilen Brennstoffe (vor allem Öl) werden den Verbrennungsmotor verschwinden lassen. Die Zukunft wird vielleicht dem Elektroauto gehören. Es ist in der Regel wesentlich umweltfreundlicher, leiser und billiger im Alltag. Doch Elektroautos fahren mit Batterien: Selbst bei voller Aufladung kommt man mit ihnen im Vergleich zum Verbrennungsmotor momentan nicht sehr weit und das Aufladen dauert sehr lange. Alternativen wären Autos, die mit Wasserstoff, Gas oder Biomasse betrieben werden. Man weiß aber noch nicht, was sich hier durchsetzen wird.

BEGRIFFSKLÄRUNG:

Das Wort Auto geht auf »Automobil« zurück und bedeutet so viel wie »sich selbst bewegender Wagen«, hergeleitet aus einer Zusammensetzung des griechischen Wortes *autós* (deutsch: selbst) und dem lateinischen Wort *mobilis* (deutsch: beweglich).

Die Entschlüsselung der DNA-Struktur

DNA- Molekül-Struktur

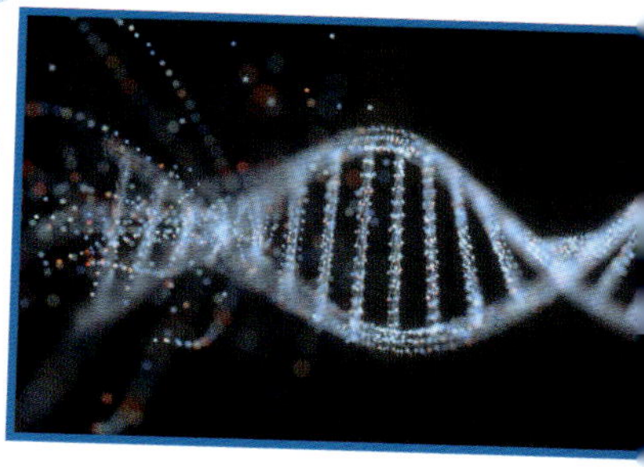

Wendeltreppe

Die Biologen James Watson (* 1928) und Francis Crick (1916 bis 2004) entschlüsselten Anfang der 1950er-Jahre die räumliche Struktur der menschlichen Erbsubstanz. In dieser Desoxyribonukleinsäure (DNS, englisch: *deoxyribonucleic acid*, DNA) eines Menschen befindet sich seine gesamte Erbinformation, d. h. all seine vererbbaren Gene. Watson und Crick konnten belegen, dass sie wie eine Wendeltreppe oder eine verdrehte Strickleiter aufgebaut ist. Es ist die bedeutendste Entdeckung in der Biologie des 20. Jahrhunderts.

Bausteine des Lebens

In beinahe jeder Zelle eines Menschen befindet sich die gesamte DNA. Sie besteht aus zwei Ketten von Zuckermolekülen, die umeinandergewunden sind. Die beiden Ketten sind über sogenannte Basen miteinander verbunden. Insgesamt gibt es vier verschiedene Basen: Adenin, Thymidin, Cytosin und Guanin (= A, T, C und G). Es verbinden sich immer nur A und T sowie C und G. Die Reihenfolge der Basenpaare bestimmt die Erbinformation. Die DNA eines Menschen ist eine Kette von etwa drei Milliarden Basen. Damit sie in einen Zellkern passt, ist die DNA zu sogenannten Chromosomen aufgewickelt. Einzelne Abschnitte auf der DNA heißen Gene. In den Genen sind Erbanlagen festgelegt. Was aus uns wird und wie wir aussehen, bestimmen die Gene in ihrem Zusammenspiel.

Genforschung

Im Jahr 1990 begann ein Forschungsprojekt, dessen Ziel es war, das menschliche Erbgut vollständig zu entschlüsseln. Es zeigte sich, dass das menschliche Erbgut etwa 25000 Gene enthält. Krankheiten können im Erbgut eines Menschen bereits angelegt sein. Mittlerweile kann man in diesem gezielt nach Genen suchen, die für bestimmte Krankheiten verantwortlich sind. Mit diesem Wissen können eines Tages vielleicht viele Krankheiten geheilt oder ihr Ausbruch verhindert werden.

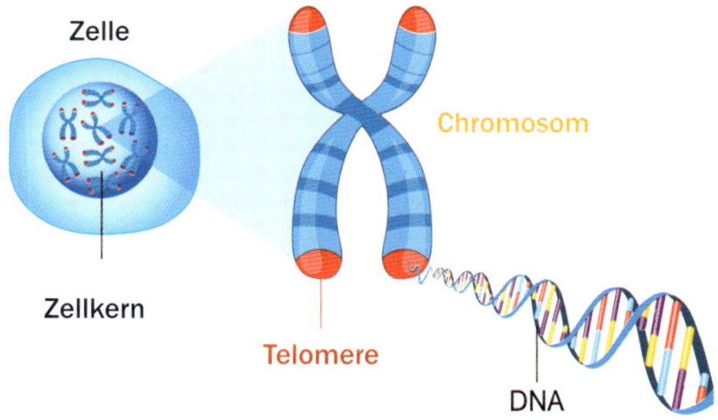

Aufbau des Zellkerns

Was man über die Entschlüsselung der DNA-Struktur noch wissen muss:

- Wäre die gesamte DNA einer Zelle eine Bibliothek, wären die Chromosomen die Bücher und die Gene die Bücherseiten.
- Der »genetische Fingerabdruck« wird heutzutage bei der polizeilichen Ermittlungsarbeit verwendet. Dieser Fingerabdruck ist das meist unverwechselbare Erbgut einer Person. Auf diese Weise können Täter mit großer Wahrscheinlichkeit genau bestimmt werden.

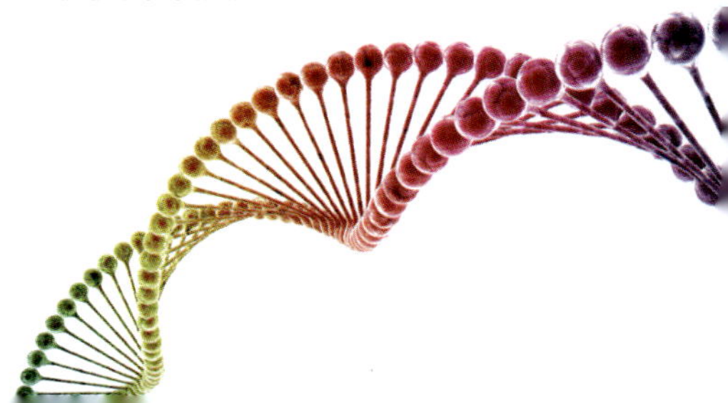

1957 n. Chr.

Die europäische Einigung

Steinkohle

Nach dem Zweiten Weltkrieg suchte man nach Wegen, Europa für die Zukunft sicherer und vor allem friedlicher zu gestalten – durch den Zusammenschluss verschiedener Staaten und eine Zusammenarbeit in politischen und wirtschaftlichen Fragen. Frankreich, Deutschland, Italien, Belgien, die Niederlande und Luxemburg gründeten 1951 die Europäische Gemeinschaft für Kohle und Stahl (EGKS). Die kriegswichtige Stahl- und Kohleindustrie sollte der gemeinsamen Kontrolle unterstellt werden.

Europa wächst zusammen

Es zeigte sich, dass die Zusammenarbeit in nur zwei Wirtschaftsbereichen nicht ausreichte, weshalb man 1957 noch den Vertrag zur Gründung der Europäischen Wirtschaftsgemeinschaft (EWG) unterzeichnete. 1967 wurden die EGKS und die EWG zur Europäischen Gemeinschaft (EG) zusammengelegt. Bis 1986 traten sechs weitere Staaten der EG bei, 1992 konnte in Maastricht der Vertrag zur Gründung der Europäischen Union (EU) unterschrieben werden. Es war geplant, auch in der Außenpolitik enger zusammenzuarbeiten, gleichzeitig wurde eine Wirtschafts- und Währungsunion beschlossen. 2002 ergab sich daraus die Einführung des Euro als gemeinsames europäisches Zahlungsmittel.

Grenzenlos

Schon 1993 konnte man den gemeinsamen Binnenmarkt verwirklichen, einen Wirtschaftsraum ohne Grenzen. Waren, Dienstleistungen, Personen und Geld konnten nun innerhalb der EU frei verkehren, d. h. ohne Zölle und Beschränkungen. Mittlerweile hat die EU 28 Mitgliedsstaaten. Mit der steigenden Mitgliederzahl nahm die Notwendigkeit einer Erneuerung und Modernisierung der EU zu. In Portugal unterzeichneten die Mitgliedsstaaten 2007 einen Vertrag, der die wesentlichen Bestandteile einer Verfassung enthält. In ihm wurden Reformen vereinbart, die die EU für die Zukunft rüsten sollen.

Was man über die europäische Einigung noch wissen muss:

- Seit 1979 gibt es das Europäische Parlament, in das die Abgeordneten der Mitgliedsländer von den Bürgern gewählt werden. Zusammen mit dem Ministerrat, in dem die Regierungen mit den jeweiligen Ministern vertreten sind, verabschiedet man europaweit gültige Gesetze.
- 2012 erhielt die EU den Friedensnobelpreis. Damit fand Anerkennung, was man sich bereits bei der Gründung der EGKS erhofft hatte: die Förderung von Frieden, Demokratie und Menschenrechten.

EU-Fahnen vor dem Europäischen Parlament

Ende 1950er Jahre n. Chr.

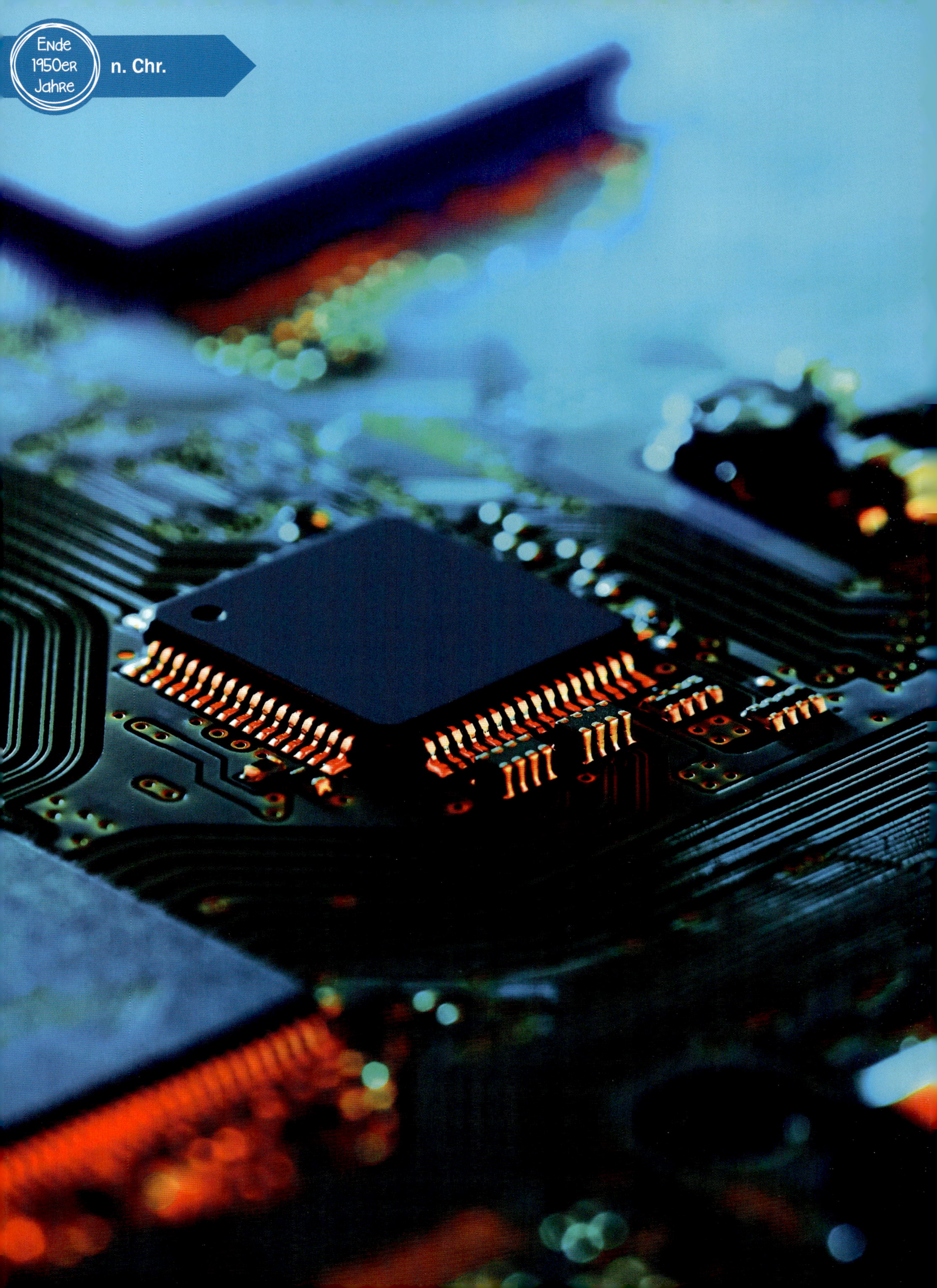

Moderne Speicherleistung

Mikrochip

Ein Mikrochip ist eine elektronische Schaltung, die auf einem millimeterkleinen Halbleiterplättchen aufgebracht ist und von einem Kunststoffgehäuse vor Staub und Schmutz geschützt wird. Diese Schaltkreise kommen heute überall dort zum Einsatz, wo große Rechenleistungen benötigt werden: etwa in Computern, Smartphones, Autos oder auch Herzschrittmachern.

Zwerg mit Riesenleistung

Die Vorsilbe Mikro ist griechisch und bedeutet »klein«. Mikrochips gab es erst, als die auf ihnen verbauten elektronischen Teile – wie Widerstände und vor allem Transistoren – in winzigen Formaten hergestellt werden konnten. Transistoren bestehen aus Halbleitern, also chemischen Elementen, die sowohl elektrisch leitfähig als auch isolierend sind. Darüber hinaus kann auch noch zwischen diesen beiden Zuständen gewechselt werden. So lassen sich aus ihnen komplizierte elektrische Schaltkreise bauen. Auf einem Quadratmillimeter eines Halbleiterkristalls, meist Silizium, können sich Milliarden von Transistoren befinden, weshalb der Bau von Hochleistungsrechnern überhaupt erst möglich wurde.

Was man über den Mikrochip noch wissen muss:

- Im Jahr 2000 erhielt Jack Kilby für seine Entwicklung den Nobelpreis für Physik.
- Die »Chips« werden in eigenen Fabriken hergestellt, deren Produktionsräume absolut staubfrei sein müssen, damit die Schaltungen nachher einwandfrei funktionieren.

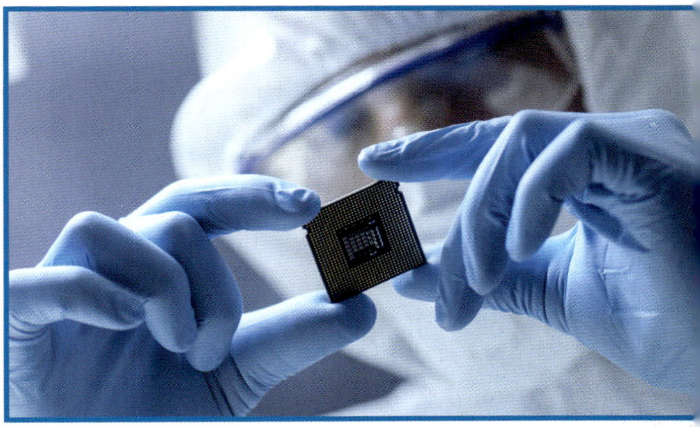

staubfreie Produktion

Neue Technik

Es war der amerikanische Ingenieur Jack Kilby (1923 bis 2005), der 1958 seinem Arbeitgeber vorschlug, alle elektronischen Bauteile auf einem Halbleiterkristall unterzubringen und sie über leitfähige Bereiche im Kristall untereinander zu verbinden. Bisher waren sie in getrennten Gehäusen untergebracht und mit Drähten verbunden. Bis zur ersten Anwendung und zur Herstellung in größeren Stückzahlen musste Kilbys Konstruktion noch weiterentwickelt werden. 1965 kam dann der erste Mikrochip in einem Taschenrechner zum Einsatz. Das amerikanische Raumfahrtprogramm und der Kalte Krieg mit einer immer komplizierteren Waffentechnik steigerten die Nachfrage nach Mikrochips enorm. Hatten die Chips anfangs noch Geldstückgröße, gibt es heute Chips so klein wie ein Reiskorn.

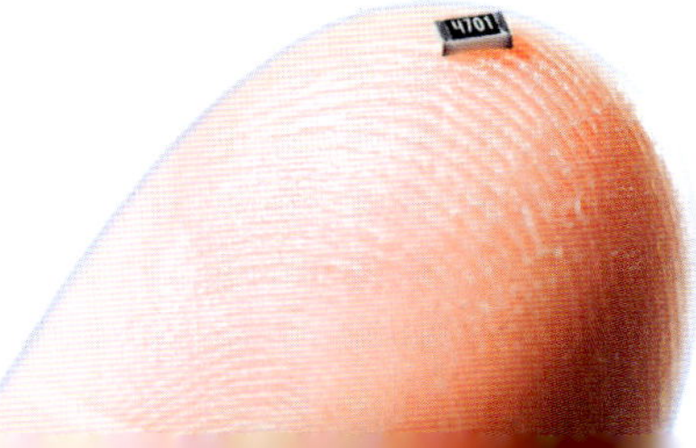

1969 n. Chr.

Die Eroberung des Weltraums

Mondgestein

Am 20. Juli 1969 betrat der amerikanische Astronaut Neil Armstrong (1930–2012) als erster Mensch den Mond. Als zweiter folgte kurz nach ihm der Astronaut Buzz Aldrin (* 1930). Die beiden sammelten Mondgestein und Bodenproben ein, machten Fotos und Filmaufnahmen und verankerten eine US-Flagge auf der Mondoberfläche. Nach 2 Stunden und 35 Minuten stiegen sie wieder in die Mondlandefähre und verließen die Oberfläche des Mondes. Hunderte Millionen Zuschauer auf der ganzen Welt sahen ihnen im Fernsehen dabei zu.

Raumfahrtwette

Die Eroberung des Weltraums war ein weiterer Wettstreit der Supermächte USA und der Sowjetunion während des Kalten Krieges. Im Oktober 1957 brachten die Russen den Satelliten Sputnik in eine Umlaufbahn um die Erde, kurz darauf schickten sie die Hündin Leika als erstes Lebewesen ins All. Die US-Regierung gründete daraufhin 1958 die NASA (englisch »National Aeronautics and Space Administration«), um mit ihr den Vorsprung der Sowjetunion in der Raumfahrt aufzuholen. Doch 1961 verbuchte die Sowjetunion den nächsten großen Erfolg: Der Kosmonaut Juri Gagarin (1934–1968) flog als erster Mensch ins All.

Mission Apollo 11

Die USA wollten noch vor Ende der 1960er-Jahre Menschen auf den Mond bringen. Das Apollo-Programm wurde gestartet, benannt nach dem griechischen und römischen Gott des Lichts. Nach großen technischen und organisatorischen Anstrengungen flog im Rahmen der Mission Apollo 11 am 16. Juli 1969 eine Rakete mit den Astronauten Neil Armstrong, Buzz Aldrin und Michael Collins (* 1930) an Bord ins All. Mit einer Landefähre landeten zwei Astronauten vier Tage später auf dem Mond: Damit hatten die USA den Wettlauf zum Mond gewonnen. Bis 1972 folgten noch weitere Mondlandungen im Rahmen des Apollo-Programms. Danach konzentrierten sich die rivalisierenden Nationen auf andere Bereiche der Raumfahrt.

Fußabdruck auf dem Mond

Was man über die Eroberung des Weltraums noch wissen muss:

- Als der Astronaut Neil Armstrong den Mond betrat, sprach er in sein Mikrofon den Satz: »Das ist ein kleiner Schritt für einen Menschen, ein riesiger Sprung für die Menschheit.«
- Nach Ende des Kalten Krieges 1990/91 setzte man in der Raumfahrt auf Zusammenarbeit. Seit 1998 befindet sich die Raumstation ISS (englisch »International Space Station«) in einer Umlaufbahn um die Erde. 16 Nationen betreiben die Station, darunter Russland und die USA.

Anfang 1970er-Jahre n. Chr.

Internet und WWW

Server

Sie sind ein wesentlicher Bestandteil des Internets: Auf Servern werden die Inhalte von Webseiten, E-Mails oder Dateien gespeichert. Mit auf Servern installierten Programmen kann man auf die gespeicherten Daten zugreifen oder können Suchmaschinen die Inhalte von Webseiten durchsuchen. Auf Servern werden aber auch z. B. in Unternehmen große Datenmengen gespeichert.

Ins Netz gehen

1969 wurde im Auftrag des amerikanischen Verteidigungsministeriums ein erstes Datennetz entwickelt. Es sollte den Zugang zu den Daten an verschiedenen Standorten erleichtern. An ihm waren zunächst nur vier Universitäten beteiligt. Ende der 1970er-Jahre entstanden solche Netzwerke u. a. auch in Frankreich und in Großbritannien, bald darauf wurden die Netze auf verschiedenen Kontinenten und Ländern miteinander verbunden. So entstand das Interconnected Network oder kurz Internet: eine riesige Vernetzung von bereits bestehenden Netzwerken. Bildlich kann man sich das Internet als Fischernetz vorstellen: Seine Knoten sind Server oder Computer, die durch Leitungen oder auf andere Weise verbunden sind. Alle Teilnehmer sollen theoretisch gleichberechtigt sein, weshalb das Internet keine übergeordnete Steuerzentrale hat.

Genial verlinkt

Das World Wide Web entwickelte der britische Informatiker Tim Berners-Lee (*1955). Für viele ist es die bedeutendste Entwicklung des 20. Jahrhunderts mit einem enormen Einfluss auf Wirtschaft und Gesellschaft. Mit diesem Programm lassen sich Webseiten über das Internet abrufen. Diese Seiten sind über Links miteinander verknüpft. Mit ihnen kann man zu einer anderen Webseite springen oder innerhalb einer Webseite ein anderes Dokument aufrufen. Browser machen diese Verknüpfungen bzw. Links sichtbar. Mit dieser stark vereinfachten Bedienung wurden Laien zu Internet-Nutzern: Das Netz trat seinen Siegeszug an.

Was man über das Internet und das WWW noch wissen muss:

- Die erste, über das Datennetz verschickte Nachricht lautete 1969: LOG.
- Im Darknet, das parallel zum Internet existiert, stellen Teilnehmer die Verbindung untereinander selbstständig her. Damit bietet das Darknet einerseits ein höheres Maß an Sicherheit, da man ohne Einladung nicht hineinkommt, andererseits nutzen es gerade deshalb Kriminelle für ihre Zwecke.

TAITO
SPACE INVADERS PART II
SPACE INVADERS

Die ersten Computerspiele

Videospielautomat

In den 1970er-Jahren wurden Videospiele (lateinisch »video« = »ich sehe«) sehr beliebt. Spielhallen entstanden, in denen Automaten aufgestellt wurden, auf denen sie liefen. Man musste nur eine passende Münze einwerfen und konnte z. B. Eindringlinge aus dem Weltraum mit einer Laserkanone bekämpfen: »Space Invaders« war damals eines der beliebtesten Spiele. Je länger man im Spiel blieb, umso höher wurde der Schwierigkeitsgrad.

Pingpong am Bildschirm

»Tennis for two« (deutsch: Tennis für zwei) von 1958 gilt allgemein als das erste Videospiel. Es wurde von einem US-Amerikaner entwickelt und zeigte einen Tennisplatz von der Seite. Die Spieler stellten mit einem Drehknopf den Winkel ihres Schlages ein und schlugen mit einem anderen Knopf den Ball. Das grafisch einfache Spiel brauchte viel Technik, weshalb die gesamten verwendeten Gerätschaften viel Platz einnahmen. Dieses und andere Spiele konnten anfangs nur auf teuren Großrechnern in Rechenzentren oder an Universitäten gespielt werden, weshalb nur sehr wenige Menschen sich so vergnügten.

Neuer Massensport

Die Computertechnologie und mit ihr auch die Spiele entwickelte sich rasant weiter. In den 1980er-Jahren kamen die ersten Spielkonsolen auf den Markt. Sowohl an Personal Computern (PCs) als auch auf kleinen Handgeräten konnte man Videospiele nun beinahe überall spielen. Sie wurden zudem grafisch immer aufwendiger und realistischer. In den 1990ern erlaubten Netzwerke mehreren Teilnehmern, gleichzeitig zu spielen. Mit »Ego-Shootern«, dabei agiert der Spieler aus seinem eigenen Blickwinkel in einer Spielwelt, und Echtzeitstrategiespielen entstanden völlig neue Spielbereiche. Bereits in den 2000er-Jahren waren Videospiele ein Massenphänomen und sind inzwischen Teil unserer Kultur. Viele Helden aus Videospielen dienten sogar als Vorlage für Filme und umgekehrt viele Filmhelden als Vorlage für ein Videospiel.

Was man über die ersten Computerspiele noch wissen muss:

- »Pac-Man« war ebenfalls ein Videospielhit in den 1970er-Jahren: Dabei musste man die Hauptfigur durch ein Labyrinth führen, zugleich möglichst viele Punkte auffressen und unterwegs Geistern ausweichen.
- Mit Computerspielen werden inzwischen Milliarden von Euro umgesetzt. Als erfolgreichstes Spiel aller Zeiten gilt momentan das Puzzle-Spiel »Tetris« von 1984.

Anfang 1980er-Jahre n. Chr.

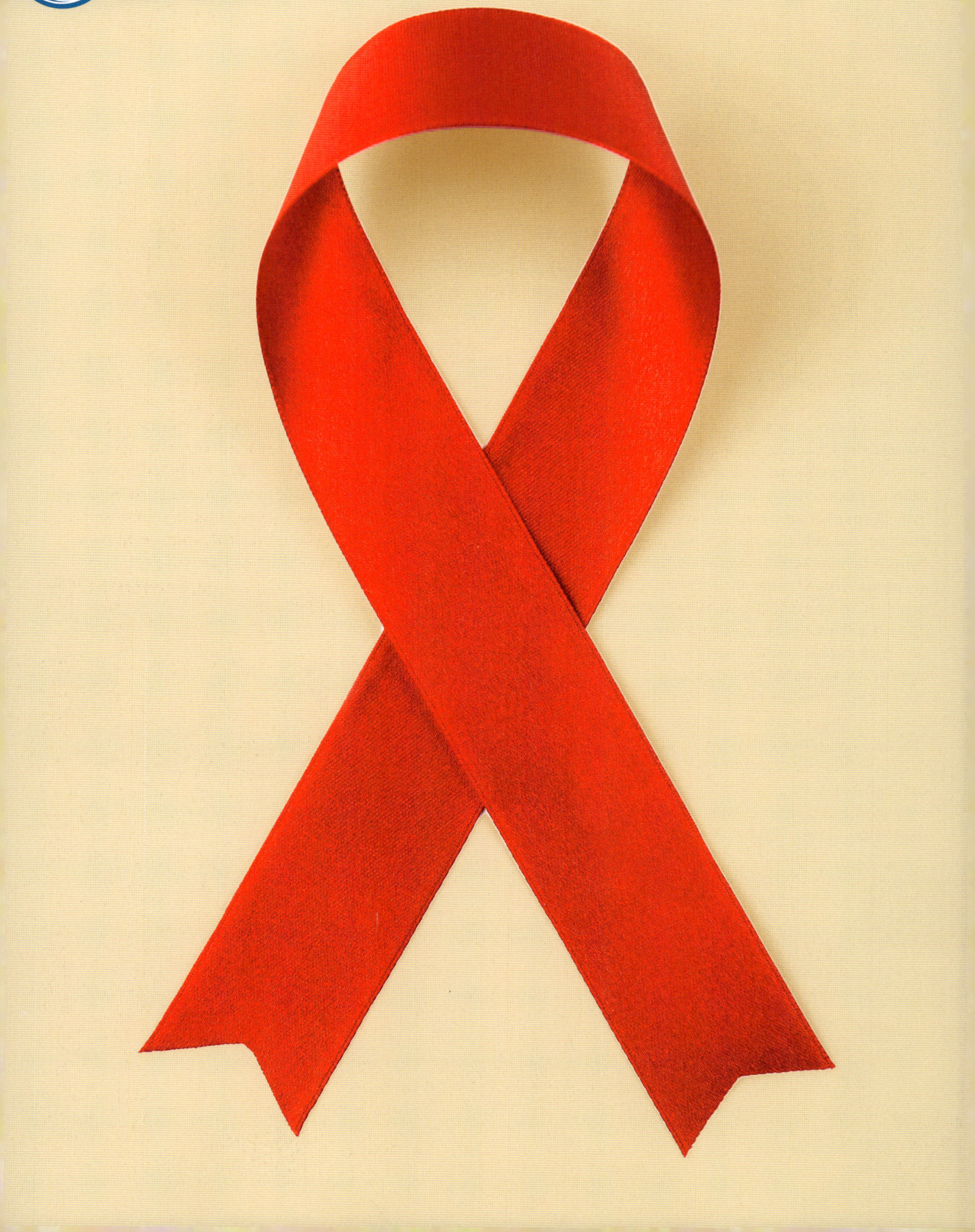

AIDS

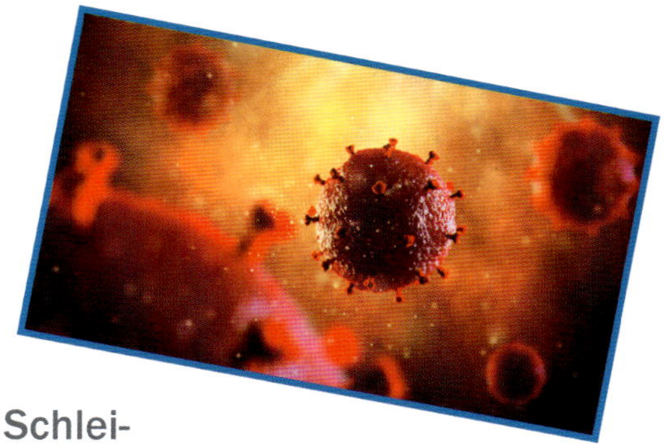

Rote Schleife

1991 schuf eine Gruppe New Yorker Künstler die »Rote Schleife« (englisch: red ribbon). Dieses Zeichen sollte Solidarität mit den an der Immunschwächekrankheit AIDS erkrankten Menschen und deren Pflegern ausdrücken. Die Farbe Rot wurde bewusst ausgewählt, da sie symbolisch für Blut, aber auch Liebe steht. Die Schleife ist lizenzfrei, d.h., es kann und soll niemand mit ihr Geld verdienen.

Neue Krankheit

Erstmals 1981 fiel amerikanischen Forschern auf, dass es immer mehr seltene Erkrankungen gab, die auf ein stark geschwächtes Immunsystem hindeuteten. Betroffen waren anfangs vor allem Homosexuelle, also Männer, die sexuelle Beziehungen mit anderen Männern hatten. Die Mediziner vermuteten, dass es sich um eine neue Krankheit mit vielen verschiedenen Symptomen handeln könnte, ausgelöst durch ein Virus. 1982 erhielt sie den Namen »Acquired Immune Deficiency Syndrome« (AIDS; Deutsch: »Erworbenes Immunschwächesyndrom«). Französische und amerikanische Wissenschaftler konnten das Virus isolieren, das 1986 den Namen »Humanes Immunschwäche-Virus« (HIV) erhielt. Es wird durch Körperflüssigkeiten, hauptsächlich beim ungeschützten Sexualverkehr, übertragen, aber auch durch HIV-infiziertes Blut in Krankenhäusern oder gemeinsam verwendete Spritzen beim Drogenkonsum. Mit einem sogenannten AIDS-Test lässt sich das HI-Virus im Blut nachweisen.

Heilungserfolge

Eine HIV-Infektion kann heute sehr gut mit der dauerhaften Einnahme von Medikamenten behandelt werden. Ganz heilbar ist sie jedoch nicht und es gibt noch keine Impfung, die eine Ansteckung verhindert. Kondome sind derzeit der einzige wirksame Schutz und daher äußerst wichtig. Jedes Jahr stecken sich weiterhin Männer und Frauen ganz neu mit HIV an, auch in Deutschland. Aber vor allem in armen Ländern sterben die Menschen an AIDS, weil nicht über die Ansteckungswege aufgeklärt wird und Geld für Medikamente fehlt. Weltweit starben bisher etwa 35 Millionen Menschen an dem Virus.

Was man über AIDS noch wissen muss:

- Das HI-Virus stammt vermutlich aus Afrika und ging dort von Affen auf den Menschen über. Mitte der 1960er-Jahre gelangte es in den Karibikstaat Haiti und von dort aus wenige Jahre später in die USA. Ende der 1970er-, Anfang der 1980er-Jahre erkrankten auch in Deutschland erstmals Menschen an AIDS.

- In Deutschland gab es von 1987 bis 2016 eine Kampagne zur Aufklärung über AIDS. Unter dem Titel »Gib AIDS keine Chance« lief sie mit Spots im Fernsehen und im Kino.

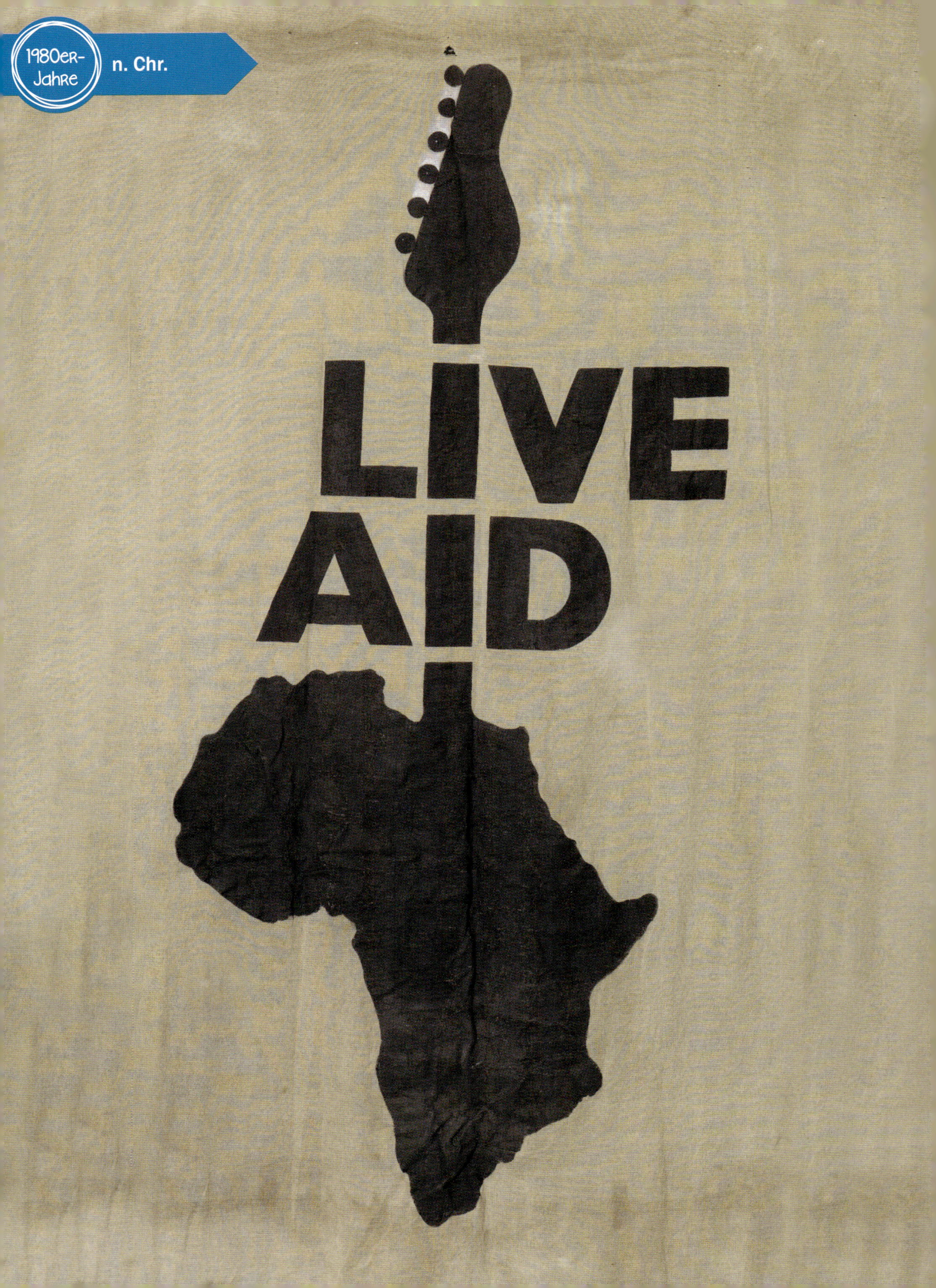
LIVE
AID

Hungerkrisen in Afrika

Live-Aid-Logo

Im Juni 1985 fand in London und in Philadelphia das »Live-Aid«-Wohltätigkeitskonzert statt. Organisiert hatten es die Rockmusiker Bob Geldof (* 1951) und Midge Ure (* 1953) mit dem Ziel, möglichst viele Geldspenden für die zum damaligen Zeitpunkt akute Hungersnot in Äthiopien zu sammeln. Das Konzert mit vielen der damals bekanntesten Rock- und Popstars war ein großer Erfolg. Beinahe zwei Milliarden Menschen sahen die Übertragung. Doch vor allem brachte das Konzert die immer wiederkehrenden Hungersnöte in Afrika in das Bewusstsein einer breiteren Öffentlichkeit.

Viele Gründe

Afrika und hier insbesondere die Staaten südlich der Sahara sowie die Staaten Ostafrikas (u. a. Eritrea, Äthiopien, Südsudan, Somalia) werden immer wieder von schlimmen Hungerkrisen heimgesucht. Die Gründe dafür sind vielfältig: Es werden immer mehr Menschen geboren, die aber nicht mit Nahrung versorgt werden können, da die Landwirtschaft nicht mithalten kann. Hohe Schulden und ein von Bestechlichkeit gelähmtes politisches System bremsen die wirtschaftliche Entwicklung. Am verheerendsten sind jedoch die vielen Bürgerkriege in dieser Region. Dabei werden Ernten vernichtet und Menschen vertrieben. Auch der Klimawandel, er zeigt sich in Dürren und Starkregen, vernichtet ganze Ernten. Dadurch steigen die Preise für Lebensmittel, die sich die meist sehr armen Menschen dann nicht mehr leisten können.

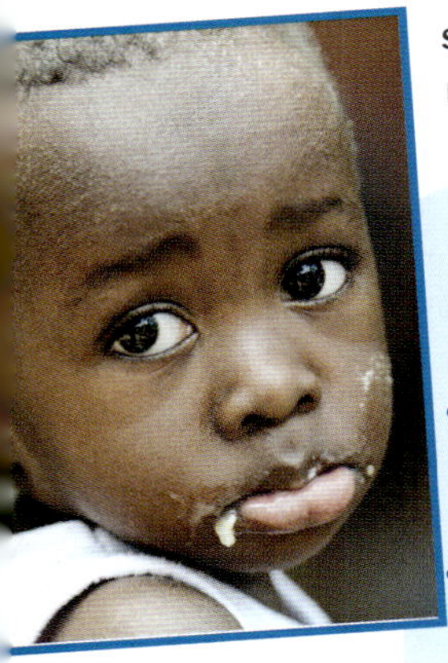

Unterernährt

Besonders schlimm betroffen ist die südlich an die Wüste Sahara angrenzende Sahelzone. Es ist eine der ärmsten Regionen der Erde, in der momentan jeder vierte Mensch hungert – insgesamt sind es etwa 200 Millionen Menschen. Besonders betroffen sind Babys, kleine Kinder und alte Menschen. Unterernährung führt bei kleinen Kindern zu körperlichen und geistigen Entwicklungsstörungen. Das Immunsystem wird geschwächt und die Kinder werden anfällig für Krankheiten wie Malaria und Durchfall, was zu einer sehr hohen Kindersterblichkeit führt.

Was man über die Hungerkrisen in Afrika noch wissen muss:

- Eine der schlimmsten Hungersnöte kostete 2011/12 in Ostafrika etwa 260 000 Menschen das Leben. Ein Großteil von ihnen waren Kinder.
- Die finanziellen Mittel des Welternährungsprogramms der Vereinten Nationen sind häufig nicht zuletzt deswegen erschöpft, weil viele der geldgebenden Staaten ihre gemachten Versprechen nicht einhalten und weniger oder gar keine Mittel zur Verfügung stellen.

1986 n. Chr.

Die Atomkatastrophe von Tschernobyl

Warnschild

Geigerzähler

Eine Explosion im ukrainischen Atomkraftwerk Tschernobyl am 26. April 1986 führte zu einem Super-GAU, einem katastrophalen Atomunfall. Dabei wurden so große Mengen an Radioaktivität freigesetzt, dass Geigerzähler die Strahlung nicht mehr erfassen konnten. Die unmittelbare Umgebung und Gebiete nordöstlich von Tschernobyl wurden stark kontaminiert und radioaktiver Niederschlag erreichte auch Skandinavien, Ost- und Westeuropa. Der Unfall erschütterte den Glauben an eine sichere und saubere Nutzung der Atomkraft.

Riesenkatastrophe

Auslöser für den Unfall im Atomkraftwerk Tschernobyl war ein Sicherheitstest in Reaktor 4. Er geriet durch Bedienungsfehler und Konstruktionsmängel des Kraftwerks außer Kontrolle. Durch die Explosion im Reaktor und den nachfolgenden Brand gelangte viel radioaktives Material in die Atmosphäre. Anfangs versuchte die Sowjetunion, die Katastrophe zu vertuschen, ließ aber im Umkreis von 30 km um das Kraftwerk alle Bewohner evakuieren. Später, als der GAU öffentlich gemacht wurde, kamen »Liquidatoren« (Abwickler) zum Einsatz. Es waren Soldaten, zivile Angestellte und Freiwillige. Sie löschten den Brand, beseitigten die Trümmer und sicherten den Reaktor. Zehntausende von ihnen wurden radioaktiv verseucht und starben.

Verlassene Sporthalle im Sperrgebiet

Die Folgen

Die radioaktive Strahlung ließ – auch viele Jahre später – vor allem in der Ukraine die Zahl der Krebserkrankungen, Schädigungen bei Neugeborenen und die Säuglingssterblichkeit sehr stark steigen. Bis heute darf die radioaktiv verseuchte Zone um den Reaktor ohne Genehmigung nicht betreten werden: Es droht Lebensgefahr. Nachdem es gelungen war, den Brand zu löschen und den Reaktor abzukühlen, wurde er vorerst mit einer Schutzhülle aus Stahlbeton ummantelt, um die weiter vorhandene Strahlung einzudämmen. Sie soll bald durch eine Stahlhülle ersetzt werden.

Was man über die Atomkatastrophe von Tschernobyl noch wissen muss:

- Der Hauptteil der radioaktiven Wolke ging in Deutschland im Süden nieder, wo es zu diesem Zeitpunkt besonders stark regnete.
- 2011 ereignete sich im japanischen Kernkraftwerk Fukushima ebenfalls eine Nuklearkatastrophe der höchsten Stufe. Auslöser war ein Erdbeben mit einer Riesenflutwelle (Tsunami). Dieses Ereignis leitete in Deutschland den vorzeitigen stufenweisen Atomausstieg bis 2022 ein.

Der Reaktor mit Schutzhülle

1989
n. Chr.
DEUTSCHE
DEMOKRATISCHE
REPUBLIK

Der Fall der Mauer

Grenzstein

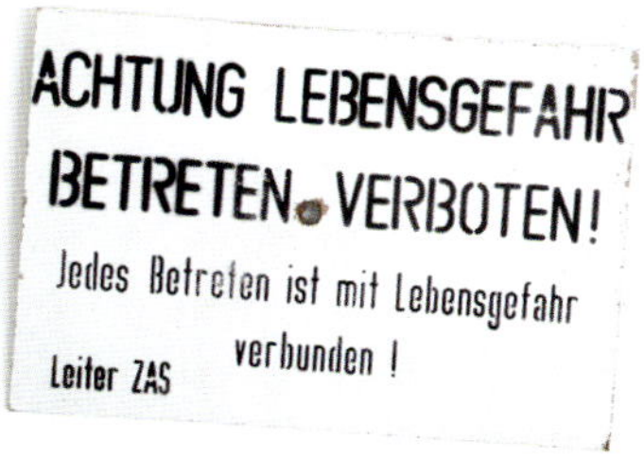

Warnschild vor der Grenze

Die Berliner M auer war das Symbol des Kalten Krieges und der deutschen Teilung. Die Deutsche Demokratische Republik (DDR) ließ sie 1961 errichten. 1989 fiel sie und verschwand: Der Großteil wurde abgerissen oder in Teilstücken in die ganze Welt verkauft und verschenkt. Ursprünglich zog sich die Mauer auf einer Länge von 155 km um ganz Westberlin. Auf DDR-Seite wurde sie – ebenso wie die gesamte innerdeutsche Grenze – streng bewacht. Es galt Schießbefehl: Wer versuchte, die Mauer zu überwinden, auf den durfte geschossen werden. Viele Menschen starben bei solchen Fluchtversuchen.

Ein neuer Wind

1985 wurde Michail Gorbatschow (* 1931) zum Generalsekretär der Kommunistischen Partei in der Sowjetunion gewählt. Der nun mächtigste Mann im Staat leitete mit Glasnost (russisch für Offenheit) und Perestroika (russisch für Umgestaltung) Reformen ein und stieß sie in verbündeten Staaten an, vor allem in Polen und Ungarn. Aber auch in der DDR veränderten sie um 1989 etwas: In Leipzig versammelten sich Menschen zu Friedensgebeten und im Herbst auch zu Demonstrationen. Sie riefen »Wir sind das Volk!« und forderten politische Auseinandersetzung und Veränderung ohne Gewalt. Zugleich reisten viele DDR-Bürger über die westdeutschen Botschaften in Budapest, Prag und Warschau in den Westen aus. Die Sozialistische Einheitspartei Deutschlands (SED) geriet unter Druck.

Ein historisches Versehen

Die SED versuchte, ihre Macht mit Zugeständnissen zu sichern. Sie beschloss, den Bürgern das freie Reisen, das bis dahin nicht möglich war, zu erlauben. Sie gab das auf einer Pressekonferenz am 9. November 1989 – und ungeplant »ab sofort« – bekannt. Daraufhin strömten viele DDR-Bürger zu den innerdeutschen Grenzübergängen und Grenzübergängen in Berlin, wo die überraschten Grenzsoldaten sie passieren ließen: Damit fiel nach 28 Jahren die Mauer. Bereits am 18. März 1990 wurden die ersten freien Wahlen in der DDR abgehalten. Am 3. Oktober 1990 folgte die deutsche Wiedervereinigung.

Was man über den Fall der Mauer noch wissen muss:

- Originale Reste der Mauer finden sich heutzutage in Berlin nur noch an wenigen Stellen. Auch die ehemaligen Wachtürme der DDR-Grenzsoldaten wurden häufig abgebaut. Einige wenige sind erhalten geblieben und können besichtigt werden.
- Die Staaten Südkorea und Nordkorea sind heute die einzigen noch getrennten Staaten.

9. November 1989

Gedenktafel

White
Colored

Das Ende der Apartheid in Südafrika

Wasserspender

Nelson Mandela

Apartheid bezeichnet die staatlich bestimmte und verwaltete Rassentrennung ab 1948 in Südafrika. Eine weiße Minderheit bestimmte über das Leben und den Alltag der schwarzen Mehrheit. In der Öffentlichkeit war alles durch Schilder streng nach Weiß und Schwarz getrennt: Schulen, Strände, Toiletten, Parkanlagen und vieles mehr. Schwarze Südafrikaner lebten in eigenen Wohnbezirken (Townships) meist am Stadtrand, die Weißen hingegen in den Stadtzentren.

Unrechtssystem

In den Melderegistern südafrikanischer Städte wurden den Menschen einer von vier Kategorien zugeordnet: Weiße, Schwarze, Farbige und Asiaten. Das bestimmte dann das gesamte Leben. Schwarze Südafrikaner galten als minderwertig und wurden ausgegrenzt. Ihnen wurden Grund- und Menschenrechte verweigert. Der Großteil des Landes war im Besitz von Weißen, schwarze Südafrikaner arbeiteten deshalb als Hausangestellte, Landarbeiter oder Arbeiter in den Fabriken oder Minen für niedrige Löhne. Oppositionelle politische Gruppen, die sich gegen die Apartheid auflehnten, waren verboten. Trotzdem gab es den African National Congress (ANC), einer seiner Anführer war Nelson Mandela (1918–2013). Er saß seit 1962 in Haft und wurde zum internationalen Symbol des Kampfes gegen die Apartheid.

Ende und Neuanfang

Südafrika wurde von vielen Staaten wegen des Apartheid-Systems boykottiert. Es gab kaum Handel und diplomatische Beziehungen mit dem Land. Als Südafrika in den 1980er-Jahren zunehmend isoliert dastand, hob die Regierung ab 1990 die Apartheid schrittweise auf. Alle verbotenen politischen Gruppierungen wurden erlaubt, politische Gefangene freigelassen. Nach Erarbeitung einer neuen Verfassung fanden 1994 die ersten freien Wahlen statt. Nelson Mandela wurde Südafrikas erster schwarzer Präsident.

Township

Was man über das Ende der Apartheid in Südafrika noch wissen muss:

- Im Juni 1976 brach in Soweto, einem Zusammenschluss mehrerer Townships, ein Aufstand von Schülern los, die gegen die Benachteiligung von schwarzen Südafrikanern in der Schulbildung protestierten. Der letztlich gescheiterte Aufstand gilt als Anfang vom Ende der Apartheid.
- Nelson Mandela und Frederik Willem de Klerk, der frühere Staatspräsident Südafrikas, erhielten 1993 den Friedensnobelpreis für den versöhnlichen und gewaltfreien Weg aus der Apartheid.

FDNY
343
September 11, 2001

Die Terroranschläge am 11. September

Helm des Fire Departments New York

Am 11. September 2001 (in Amerika kurz 9/11 genannt) steuerten islamistische Terroristen zwei entführte Flugzeuge nacheinander in die beiden Türme des World Trade Centers in New York. Die Türme gerieten dabei in Brand, viele Menschen waren in den oberen Stockwerken eingeschlossen. Als die Türme einstürzten, wurden sie und viele Feuerwehrleute und Polizisten, die zur Hilfe geeilt waren, getötet. Vor dem Einsturz hatten sich Tausende Menschen noch in Sicherheit bringen können.

Weitere Flugzeugentführungen

An diesem Tag hatten die Terroristen zwei weitere Flugzeuge entführt. Eines hatten sie in das Gebäude des Verteidigungsministeriums in Washington gesteuert. Mit einem weiteren wollten sie wahrscheinlich auch in ein Regierungsgebäude fliegen, doch die Passagiere hatten sich zur Wehr gesetzt. Das Flugzeug stürzte stattdessen auf ein Feld in Pennsylvania. Die Bilder von den Anschlägen mit beinahe 3000 Toten sind in das Gedächtnis der Welt eingegangen.

Verantwortlich für die Anschläge in den USA war das Terrornetzwerk al-Qaida (arabisch für »das Fundament«), ein loser Zusammenschluss von islamistischen Gruppen. Ihr Kampf galt dem Westen und seinen Werten. Als ihren Hauptgegner sahen diese Gruppen die USA.

Islam und Terror

Der islamistische Terror begann in den 1980er-Jahren. Die sogenannten Islamisten legen den Islam für ihre politische Weltanschauung aus. Sie lehnen Menschen- und Grundrechte ebenso ab wie die Demokratie. Ihr Ziel ist die weltweite Herrschaft eines streng ausgelegten Islams. Diese Gruppe grenzt sich klar von den anderen Muslimen ab, die den Terror und Islamismus ablehnen und sich klar von Extremisten distanzieren.

Gedenkstätte für die Opfer

Was man über die Terroranschläge am 11. September 2001 noch wissen muss:

- Nach den New Yorker Anschlägen griffen die USA und ihre Verbündeten Afghanistan an, wo die Terroristen des 11. Septembers vor allem ausgebildet worden waren. Auch der darauffolgende Irakkrieg von 2003 stand im Zusammenhang mit 9/11.
- Im Januar 2002 richteten die USA das Gefangenenlager Guantanamo in einer Bucht auf Kuba ein. Dort wurden gefasste Terroristen eingesperrt, verhört und zum Teil gefoltert. Dieser Verstoß gegen die Menschrechte wurde von vielen Staaten scharf kritisiert. 2017 gab es noch 41 Inhaftierte in Guantanamo.

Guantanamo

20. Jh. – 21. Jh. n. Chr.

Weltwirtschaftsmacht China

Produktsiegel »Made in China«

Nach jahrzehntelangen Kämpfen wurde am 1. Oktober 1949 die Volksrepublik China gegründet. Die Kommunistische Partei beanspruchte die alleinige Macht und verstaatlichte alle landwirtschaftlichen und industriellen Betriebe. Ab Ende der 1970er-Jahre wurden wirtschaftliche Reformen durchgeführt, private Unternehmungen erlaubt. China öffnete sich Geldgebern aus dem Ausland, die ihre Produktionsstätten im Land errichteten und ihre Technik mitbrachten – was China zu nutzen wusste. Das Produktsiegel »Made in China« steht heute für den Aufstieg des Landes zur weltumspannenden Wirtschaftsmacht.

Herstellen und finanzieren

Mittlerweile werden in China vor allem Elektrogeräte, Unterhaltungselektronik, Textilien, Spielzeug und Möbel hergestellt. Es werden allerdings nicht länger nur westliche Erzeugnisse kopiert, sondern gerade im Bereich der Elektronik hochwertige eigene Produkte hergestellt. China hat sich zu einem der wirtschaftlich stärksten Staaten entwickelt. Kein Land verkauft so viele Waren in andere Länder. Gleichzeitig investiert China gezielt in Entwicklungs- und Industrieländer. Insbesondere in Afrika wird Geld in Länder mit vielen Rohstoffen investiert, um sich diese zu sichern und sich damit weltweiten politischen Einfluss zu verschaffen.

Die Schattenseiten

Doch die rasante wirtschaftliche Entwicklung vergrößert in China die Unterschiede zwischen Arm und Reich. Sie geht auch zu Lasten der Umwelt, vergiftet Gewässer und erhöht die Luftverschmutzung. Korruption, also Bestechlichkeit, ist in der Verwaltung weit verbreitet. Dem Machterhalt der Kommunistischen Partei und dem wirtschaftlichen Erfolg wird alles untergeordnet. Demokratie, Menschenrechten und freier Meinungsäußerung wird wenig Beachtung geschenkt, Kritiker und Andersdenkende werden rücksichtslos verfolgt.

Was man über China noch wissen muss:

- Die Volksrepublik China ist flächenmäßig das viertgrößte Land der Erde. Mit etwa 1,4 Milliarden Einwohnern ist es aber das bevölkerungsreichste.
- Die Volksrepublik China verfügt seit etwa 1964 über Atomwaffen. Seit 1971 ist China auch ständiges Mitglied im Sicherheitsrat der Vereinten Nationen.

MAX.GR. 30.480 KGS
67.200 LBS
TARE 2.250 KGS
4.960 LBS
NET 28.230 KGS
62.240 LBS
CU.CAP. 37.4 CU.M.
1.320 CU.FT.

Die Globalisierung

Die Schiffscontainer lassen sich platzsparend stapeln.

Schiffscontainer

Die Globalisierung, wie sie uns heute im Alltag begegnet, wäre ohne den Schiffscontainer nicht denkbar. Entwickelt wurde er in den 1950er-Jahren in den USA. 95 Prozent aller Waren werden mittlerweile mit dem Container transportiert. Dank dieser einheitlichen Kisten aus Stahl ist es leicht möglich, Waren mit dem Schiff, der Bahn oder dem Lastwagen in die entlegensten Winkel der Welt zu bringen, ohne sie umladen zu müssen. Da sehr viele Dinge in einen Container hineinpassen, sind die Transportkosten sehr niedrig. Dadurch können immer mehr Waren in immer kürzerer Zeit um die ganze Welt transportiert werden.

Was ist Globalisierung?

Das Wort »Globalisierung« kommt von dem Adjektiv »global«, was so viel bedeutet wie »weltumspannend« oder »auf die ganze Erde bezogen«. Globalisierung bezeichnet dabei die zunehmende weltweite Vernetzung von Menschen und Staaten. Sinkende Transportkosten und immer schnellere Kommunikationswege dank Handy und Internet machen es möglich, Raum und Zeit scheinbar mühelos zu überwinden. In der Wirtschaft, der Kultur, der Politik und der Umwelt sind für den Einzelnen die Folgen der Globalisierung am deutlichsten zu erkennen. So kann man in den großen Fast-Food-Ketten auf der ganzen Welt das gleiche Essen erhalten oder es kann ein Smartphone nur unter Beteiligung vieler Länder hergestellt werden.

Schon in der Antike und vor allem nach der Entdeckung Amerikas haben Menschen in gewisser Weise weltweit Handel getrieben, waren also schon global tätig. Doch richtig Fahrt aufgenommen hat die Globalisierung erst nach dem Ende des Zweiten Weltkriegs. Da sich die Technik seit dem Beginn der 1990er-Jahre immer schneller entwickelt, hat sich der Prozess der Globalisierung nochmals beschleunigt.

Welche Vor- und Nachteile kann die Globalisierung haben?

- VORTEILE: Dank der Globalisierung ist ein schneller weltweiter Austausch von Informationen möglich. In den Lebensmittelläden sind viele Produkte wie zum Beispiel Erdbeeren ganzjährig zu kaufen. Kleider und Elektroartikel können günstig hergestellt, transportiert und folglich auch verkauft werden. Es entstehen Arbeitsplätze in armen Regionen der Erde.

- NACHTEILE: Der Transport von Waren um den Erdball trägt erheblich zur Umweltverschmutzung und zur Verschwendung von kostbaren Rohstoffen (z. B. Erdöl wegen des hohen Treibstoffverbrauchs) bei. Die grenzenlose Verbreitung von Informationen, Musik, Filmen und Modetrends führt zu kultureller Eintönigkeit, d. h. ein einheitlicher Geschmack setzt sich durch. Des Weiteren sind die Arbeitsbedingungen in den sogenannten Niedriglohnländern in der Regel schlecht.

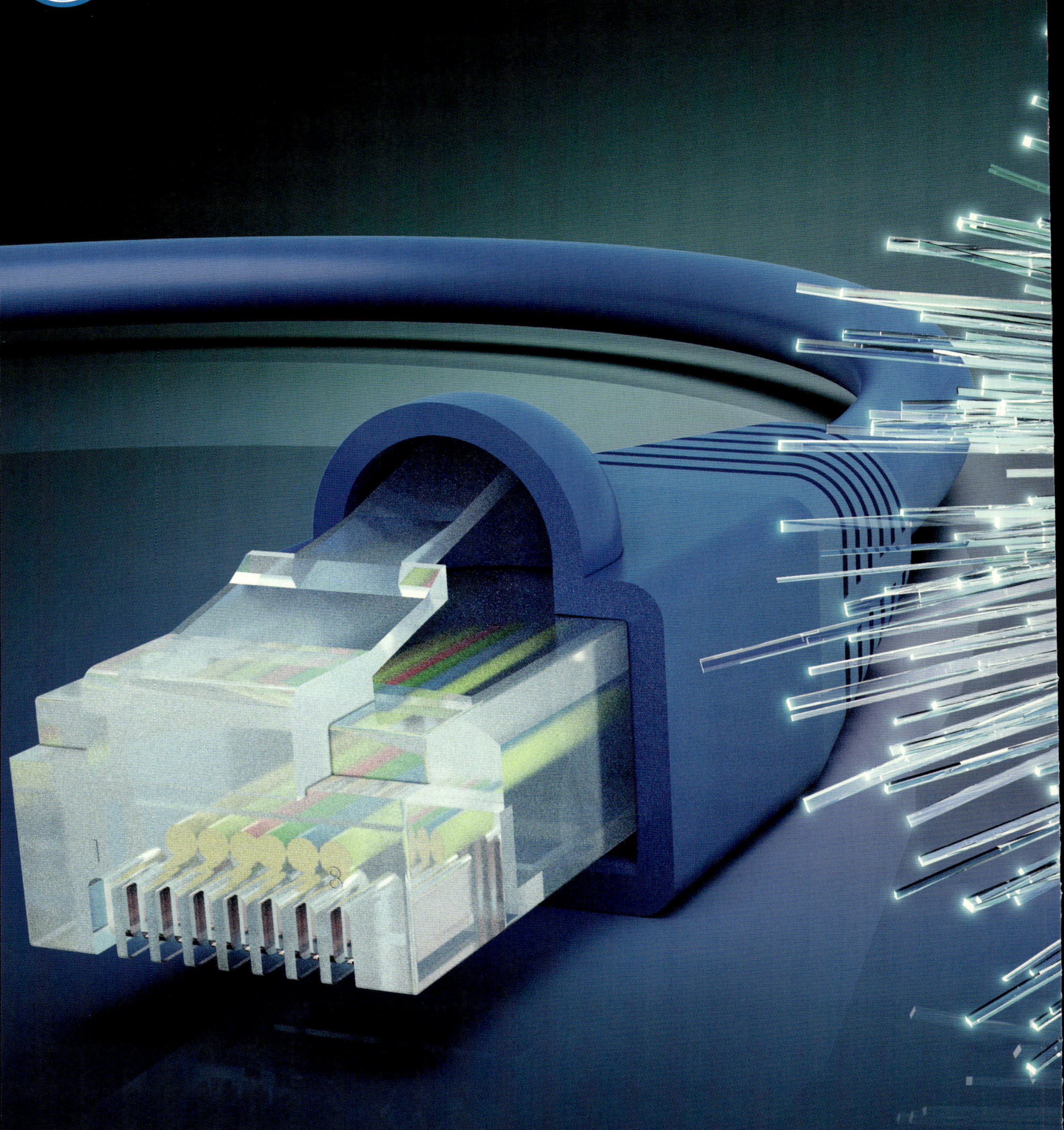

Die Digitalisierung

Glasfaserkabel

Die Verlegung von Glasfaserkabeln trägt erheblich zum Ausbau des weltweiten Datennetzwerks bei. In den Kabeln befinden sich Fasern aus Quarzglas oder Kunststoff, die Daten mithilfe von Lichtwellen übertragen. Glasfaserkabel ermöglichen eine schnelle Übertragung großer Datenmengen. Sie sind damit wichtiger Bestandteil des unaufhaltsam fortschreitenden Prozesses der Digitalisierung.

Virtuell leben

Bei der Digitalisierung werden analoge Informationen in ein digital nutzbares Format umgewandelt. Der Begriff bezeichnet aber auch die Digitale Revolution, also Massenproduktion und -nutzung digitaler Technik wie Computer, Smartphones, Datennetzwerke etc. Diese Revolution wird vom technischen Fortschritt weiter vorangetrieben: Rechner werden immer leistungsstärker, Speicher immer größer und der Ausbau des Datennetzes immer umfassender. Die Digitalisierung beeinflusst nahezu alle Lebensbereiche: Freundschaften und Kontakte finden über verschiedene soziale Netzwerke statt, digitales Lernen an Bildschirmen erobert die Schulen, online können von überall und jederzeit kulturelle Angebote genutzt oder Einkäufe erledigt werden.

Digitalisierte Arbeitswelt

Veränderte im 18. und 19. Jahrhundert die Einführung der Dampfmaschine das Arbeiten komplett, war es zu Beginn des 20. Jahrhunderts die Fließbandproduktion und gegen Ende des Jahrhunderts die Einführung von Computern: Man spricht von einer erneuten Industriellen Revolution oder der Industrie 4.0. Bald soll digitale Technik eine weitgehend selbstorganisierte Produktion möglich machen.

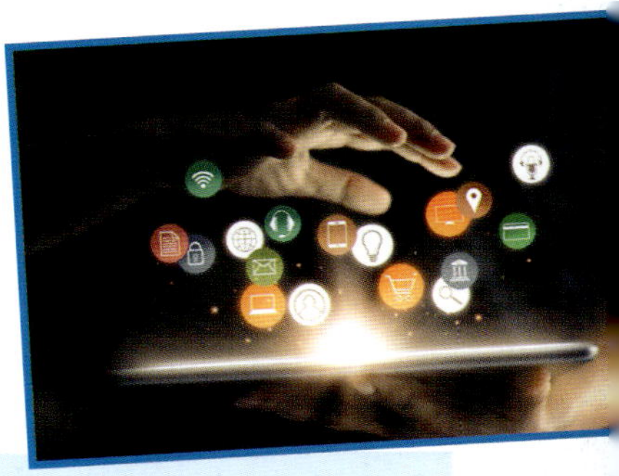

Was man über Digitalisierung noch wissen muss:

- Die Digitalisierung hat große Auswirkungen. Arbeitsort und -zeit werden frei wählbar: Es spielt keine Rolle mehr, wann und wo man arbeitet. Für jeden Einzelnen wird lebenslanges Lernen zur Selbstverständlichkeit.
- Viele, vor allem einfache Tätigkeiten kommen nun ohne Menschen aus und fallen weg. Das macht Menschen arbeitslos und sie können ihren Lebensunterhalt nicht mehr bestreiten. Digitalisierung bedeutet auch ständige Erreichbarkeit und beliebige Verfügbarkeit. So wird es schwer, zwischen Arbeit und Freizeit zu trennen.

MIT DEM COMPUTER DURCH DIE ZEIT

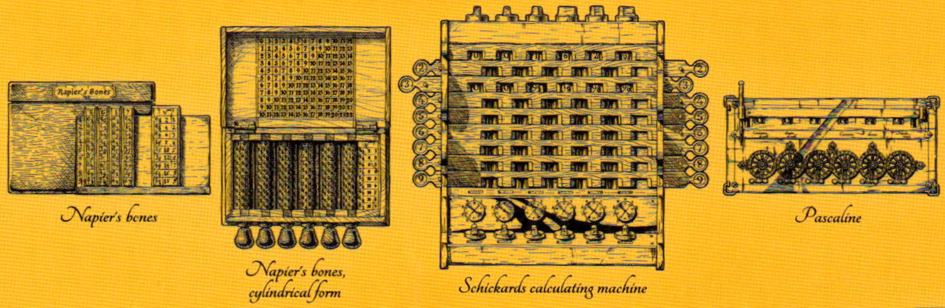

1

Rechenmaschine

Der Computer war keine spontane Erfindung, sondern entstand in einem langwierigen Prozess. Im 17. Jahrhundert entwickelten die Mathematiker Wilhelm Schickard (1592–1635) und Blaise Pascal (1623–1662) unabhängig voneinander funktionsfähige Rechenmaschinen. Sie sollten dabei helfen, schneller und zuverlässiger zu rechnen als Menschen. Die Rechenmaschine von Pascal konnte sechsstellige Zahlen addieren und subtrahieren. Große Verbreitung fanden die Maschinen jedoch nicht. Sie waren zu teuer und zu störanfällig.

2

Lochkarten

Einfache Rechenmaschinen reichten bis weit ins 19. Jahrhundert für einfache Aufgaben in der Verwaltung aus. Als die Bevölkerungszahl stieg, wurden die Anforderungen größer. In den USA entwickelte der Ingenieur Herman Hollerith (1860–1929) das sogenannte Lochkartenverfahren. Damit wurde die Datenverarbeitung erheblich beschleunigt: Informationen konnten durch gestanzte Löcher auf Karten verschlüsselt und gespeichert werden. Eine Art Schreibmaschinentastatur stanzte die Löcher. Um wieder auf die Daten zuzugreifen, ließ man die Karten über eine andere Maschine auslesen.

Zuse-Maschine

Die ersten elektronischen Rechner entstanden während des Zweiten Weltkriegs. Der deutsche Erfinder Konrad Zuse (1910–1995) baute 1941 die erste funktionsfähige binäre Rechenmaschine weltweit. Sie trug die Bezeichnung Z3. Parallel dazu gab es ähnliche Entwicklungen in Großbritannien und vor allem in den USA. Die ersten elektronischen Rechner waren allerdings noch sehr groß und füllten nicht selten ganze Räume. Sie waren sehr wartungsanfällig und daher auch sehr teuer. Diese Rechenanlagen blieben zunächst eine Ausnahme.

3

Der erste Heimcomputer

In den 1970er-Jahren folgte mit der Entwicklung des Chips, einer elektronischen Schaltung, der entscheidende Schritt zur Verkleinerung der Rechner. 1975 kam in den USA ein Bausatz für den ersten Heimcomputer auf den Markt. Der Altair 8800 löste unter den Technologieinteressierten große Begeisterung aus. Er hatte zwar keine Tastatur, keine Anwenderprogramme und zunächst auch keine Anschlüsse für einen Bildschirm oder andere Geräte. Und doch stieß dieser »Microcomputer« eine Vielzahl von technischen Weiterentwicklungen an.

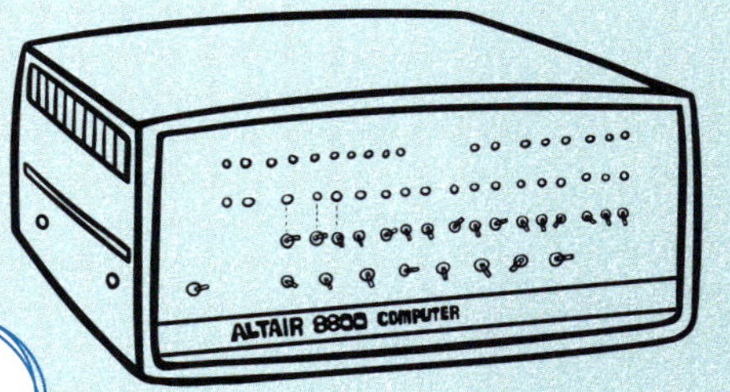

4

Apple II

5

Der erste Apple

Den Computeringenieur Steve Wozniak (* 1950) inspirierte der Altair 8800 zur Entwicklung des Personal Computers (PC). 1976 stellte er diesen Computer mit schreibmaschinenähnlicher Tastatur und Bildschirm vor. Er konnte schon bald in Serie produziert werden, was ihn für Privatleute erschwinglich und zum Massenprodukt machte. An den Computer ließ sich ein Kassettenrekorder anschließen und auf herkömmlichen Kassetten konnten Daten gespeichert und wieder abgerufen werden. Der erste PC hieß »Apple I«, nach dem gerade erst mit Steve Jobs und Ron Wayne neu gegründeten Technologieunternehmen.

6

Moderne Kommunikation

Mittlerweile sind Computer in unserem Alltag unverzichtbar. Sie kommen in beinahe allen Lebensbereichen zum Einsatz und übernehmen viele Aufgaben, die früher Menschen ausführten. Und die Digitalisierung des Lebens wird weiter voranschreiten. Besonders deutlich werden diese Veränderungen schon jetzt in der privaten Kommunikation. Das Internet, E-Mail, verschiedene Messenger- und andere Dienste erlauben es, immer und beinahe überall miteinander zu kommunizieren oder sich zu informieren.

BEGRIFFSKLÄRUNG:

Das Wort *Computer* leitet sich vom lateinischen *computare* ab, was so viel wie zusammenrechnen bedeutet. Im Englischen wurde daraus *to compute*, das bedeutet berechnen oder ausrechnen. Anfangs war *computer* eine Berufsbezeichnung: So wurden Hilfskräfte genannt, die für Mathematiker Berechnungen durchführten.

21. Jh.
n. Chr.

Der Klimawandel und die globale Erwärmung

Schmelzender Gletscher

Der menschengemachte Klimawandel gilt seit der Jahrtausendwende als die größte Bedrohung für das Leben auf der Erde. Die Erwärmung der Erde vollzieht sich zwar regional unterschiedlich, doch erste Auswirkungen lassen sich schon jetzt beobachten. So nehmen Dürren, Starkregenereignisse, Stürme und Überschwemmungen zu und die Gletscher in Mitteleuropa und die Eisgebiete in Arktis und Antarktis schmelzen allmählich ab. Gleichzeitig steigt der Wasserspiegel der Meere an. Inseln und tief liegende Küstenregionen sind bedroht.

Wie im Treibhaus

In der Geschichte der Erde wechselten sich immer wieder Kalt- und Warmperioden ab und hatten natürliche Ursachen. Für den momentanen Klimawandel und die damit verbundene globale Erwärmung machen Wissenschaftler den Menschen verantwortlich. Die klimaschädlichen Gase, vor allem Kohlendioxid, entstehen bei der Verbrennung fossiler Energieträger wie Gas, Öl und Kohle – die der Mensch im Übermaß nutzt. Die sogenannten Treibhausgase in der Erdatmosphäre verhindern, dass die Sonnenstrahlung wieder ins All entweichen kann, es wird immer wärmer: Seit 1850 stieg die weltweite Durchschnittstemperatur um etwa 1,2 °C.

Klimapolitik

Die Weltgemeinschaft versucht in den letzten Jahren mit verschiedenen Abkommen immer wieder, sich auf Maßnahmen zu einigen, um die Erwärmung der Erde zu begrenzen. Ein Meilenstein wurde auf der Pariser Klimaschutzkonferenz (COP21) im Dezember 2015 erreicht: Erstmals einigten sich 195 Länder auf ein allgemeines, rechtsverbindliches weltweites Klimaschutzabkommen. Eine neue Jugendbewegung um die Schwedin Greta Thunberg fordert bei Demonstrationen von den Politikern ein, dass es auch tatsächlich umgesetzt wird. Ein Weg könnte die verstärkte Nutzung erneuerbarer Energien wie Wasserkraft, Windenergie, Sonnenenergie, Biomasse und Erdwärme sein sowie der bewusste Verzicht auf das Auto oder bestimmte Lebensmittel.

Warum der Klimawandel für die Menschheitsgeschichte von Bedeutung ist:

- Durch die Verschiebung der Klimazonen verwandeln sich ehemals fruchtbare Landschaften in Wüsten. Tier- und Pflanzenarten sterben aus. Menschen, die in ihren angestammten Gebieten kein Auskommen mehr finden, werden versuchen, woanders zu leben. Daraus können Konflikte entstehen.

Die erneuerbaren Energien

Windrad

Die Windkraft zählt zu den erneuerbaren Energien und wird weltweit betrieben. Hierzu werden hauptsächlich Windkraftanlagen verwendet. Sie bestehen aus einem Turm, auf dem ein Maschinenhaus mit einem dreiblättrigen Rotor installiert ist. Dieser kann nach dem Wind ausgerichtet werden. In der Anlage wird die Energie des Windes in elektrische Energie, d. h. Strom umgewandelt und in ein Stromnetz eingespeist.

Frisch aus der Natur

Neben der Windenergie zählen auch Sonnenenergie, Wasserkraft und Erdwärme zu den erneuerbaren Energien, ebenso wie die Bioenergie, bei der aus Biomasse, also aus pflanzlichen und tierischen Erzeugnissen, Energie gewonnen wird. Sie alle sind beinahe unbegrenzt vorhanden oder wachsen rasch nach. Der Anteil der erneuerbaren Energien an der weltweiten Energiegewinnung wächst seit Jahren, weil immer mehr Länder deren Nutzung ausbauen und auf fossile Brennstoffe wie Erdöl, Erdgas bzw. Kohle oder auf Atomenergie verzichten. Das ist auch sinnvoll, weil die Bestände an fossilen Energieträgern endlich sind und bei ihrer Verbrennung das klimaschädliche Gas Kohlendioxid entsteht, das als wesentlicher Verursacher der Erderwärmung gilt. Auch die Nutzung der Atomenergie hat sich als sehr gefährlich erwiesen.

Energie der Zukunft

Doch auch die erneuerbaren Energien sind nicht ohne Probleme. Sie können z. B. nicht überall auf der Erde gleichermaßen genutzt werden, denn nicht überall ist es gleich windig oder sonnig, und Wasserkraftwerke sind nur an fließenden Gewässern möglich. Oft fehlen auch noch Speichermöglichkeiten für den umweltfreundlich erzeugten Strom, der in unserer Gesellschaft ständig verfügbar sein soll. Aber: Auf erneuerbare Energien zu setzen, ist klimafreundlich und macht unabhängig von fossilen Energieträgern.

Was man über erneuerbare Energien noch wissen muss:

- Viele der erneuerbaren Energien werden schon seit Jahrtausenden genutzt. Wind und Wasser trieben in Mühlen Maschinen oder Vorrichtungen wie Mühlsteine an.
- Die Sonne gilt als nahezu unerschöpfliche Energiequelle. Man kann sie zur unmittelbaren Erwärmung von z. B. Wasser nutzen. Oder man kann mithilfe von Solarzellen oder Solarkraftwerken elektrische Energie, also Strom erzeugen.

Plastikmüll

Plastikstrohhalme

Im Jahr 2018 hat die Europäische Union (EU) beschlossen, den Verkauf von Wegwerfartikeln aus Plastik zu verbieten. Es wird schon bald u. a. keine Teller, Becher und auch keine Strohhalme aus Kunststoff mehr geben. Damit wurden erstmals ländergreifend Maßnahmen getroffen, die eine Verminderung des Plastikmülls zum Ziel haben.

Plastikmeer

Plastik beherrscht unseren Alltag und ist ein praktisches Verpackungsmaterial, das allerdings meist im Müll landet: Die jährlich anfallende Menge an Plastikmüll steigt, nur wenig davon wird recycelt, also eingeschmolzen und wiederverwertet. Sehr viel Plastikmüll gelangt in die Weltmeere, wo er auf den Grund sinkt oder sich an der Oberfläche sammelt. Es dauert etwa 350 bis 400 Jahre, bis er vollkommen verrottet. Meeresbewohner wie Schildkröten, größere Fische und Seevögel fressen irrtümlich oder versehentlich größere Plastikteile und sterben daran. Im Meer wie auch an Land zersetzt sich das Plastik zu Mikroplastik – Kunststoffteile, die kleiner als 5 mm sind. Sie werden von Kleinstlebewesen des Meeres, dem Plankton, gefressen und kommen so in die komplette Nahrungskette, an deren Ende der Mensch steht. An Land verseucht Mikroplastik Anbauflächen und das, was darauf wächst: Es kann immer häufiger im Körper des Menschen nachgewiesen werden – welche Folgen das hat, weiß noch niemand.

Mikroplastik

Verzichten lernen

Wenn die Menschen sich selbst, die Tiere und die Umwelt nicht weiter mit Plastik belasten wollen, wäre die beste Lösung, auf die Herstellung und Verwendung von Kunststoffprodukten aller Art zu verzichten. Dazu ist viel Aufklärungsarbeit nötig und mehr Ideen als bisher, welche schadstofffreien Materialien Plastik ersetzen können. Auch weitere rechtlich bindende Gesetze und Regeln könnten helfen, die Nutzung von Kunststoffen einzuschränken.

Was man über Plastikmüll noch wissen muss:

- Plastik enthält viele giftige Stoffe. Sie werden bei seiner Zersetzung freigesetzt, was für Mensch und Natur schädlich ist.
- Es gibt Projekte, in denen man versucht, Plastikmüll im großen Maßstab aus den Meeren zu fischen. Allerdings sind sie sehr aufwendig und teuer.

Schildkröte mit Resten einer Plastiktüte

#MeToo
#MeToo
#MeToo
#MeToo
#MeToo

Körperliche Selbstbestimmung

Hashtag MeToo

Bereits 2006 verwendete die amerikanische Sozialaktivistin Tarana Burke (* 1973) in einem zu dieser Zeit populären sozialen Netzwerk die Formulierung »me too«, was »ich auch« bedeutet. Ihre Absicht zu diesem Zeitpunkt war es, afroamerikanische Opfer von sexuellem Missbrauch miteinander in Verbindung zu bringen. Bei sexuellem Missbrauch werden sexuelle Handlungen an Personen gegen deren Willen vorgenommen, was strafbar ist.

Sagen, was ist

Im Oktober 2017 wurde ein amerikanischer Filmproduzent verschiedener Formen der sexuellen Belästigung beschuldigt. Kurz darauf forderte die Schauspielerin Alyssa Milano (* 1972) andere Frauen dazu auf, unter dem Hashtag »MeToo« auf dem Kurznachrichtendienst Twitter über ihre Erfahrungen mit sexuellem Missbrauch, Übergriffen und Diskriminierung zu berichten. Auf verschiedenen sozialen Netzwerken gab es eine Flut von Antworten, in denen Opfer derartige Erlebnisse offenlegten. Das neuartige Zusammenspiel von kritischem Journalismus und Äußerungen Betroffener in sozialen Netzwerken ließ aus dem Hashtag eine Bewegung entstehen, die viel Aufmerksamkeit in der Öffentlichkeit erfuhr.

Frauen aller Länder …

Zunächst beschränkten sich die Rückmeldungen auf die US-Film und -Fernsehwelt. Doch schon bald kamen auch andere gesellschaftliche Bereiche hinzu. Es zeigte sich, dass Frauen nahezu überall sexuellen Übergriffen ausgesetzt waren, sind oder sein können. In vielen anderen Ländern fanden Schlagwort und Bewegung viel Resonanz und Aufmerksamkeit. Auch in Deutschland traten viele Frauen in die Öffentlichkeit und berichteten von Belästigungen in verschiedenen Alltagssituationen oder im Berufsleben. Aus der #MeToo-Bewegung und -Diskussion entwickelte sich eine grundsätzliche Auseinandersetzung um den Zustand der Gleichberechtigung von Frauen und Männern in unserer Gesellschaft.

Warum #MeToo für die Menschheit von großer Bedeutung ist:

- Mit #MeToo wurde das Schweigen über die allgegenwärtige sexualisierte Gewalt in erster Linie gegen Frauen in unserer Gesellschaft gebrochen. Die Veröffentlichungen von so vielen Frauen weltweit haben ein neues Bewusstsein für dieses Problem geschaffen, was Frauen dazu ermutigt, sich offen und beherzt zu wehren.

SCHACH-COMPUTER
MASTER I
A B C D E F G H
MD
GO
ON
RESET
1 2 3 4 5 6 7 8
SP
IP

Künstliche Intelligenz

Schachcomputer

Seit vielen Jahren schon gibt es sogenannte Schachcomputer, gegen die man Schach spielen kann. Sie sind ein gutes Beispiel für die rasante Entwicklung von künstlicher Intelligenz: Ihr Programm erlaubt es ihnen, Züge im Sinne einer »eigenen« Strategie zu machen und gleichzeitig die Züge des meist menschlichen Gegners zu analysieren. Mittlerweile sind diese Computer so weit entwickelt, dass sie selbst die weltbesten Spieler schlagen oder zumindest in Bedrängnis bringen können.

(Noch) kein Vergleich

Viele spezialisierte Systeme der künstlichen Intelligenz umgeben uns bereits heute. Sie versuchen durch Computer, menschliche Wahrnehmung und menschliches Handeln nachzubilden. Bisher konnte jedoch noch keine Maschine die Leistung des menschlichen Verstandes auch nur annähernd erreichen. Daher versuchen Forscher nun, spezielle Anwendungsbereiche für Formen der künstlichen Intelligenz zu finden. Und gerade hier hat es erstaunliche Fortschritte gegeben.

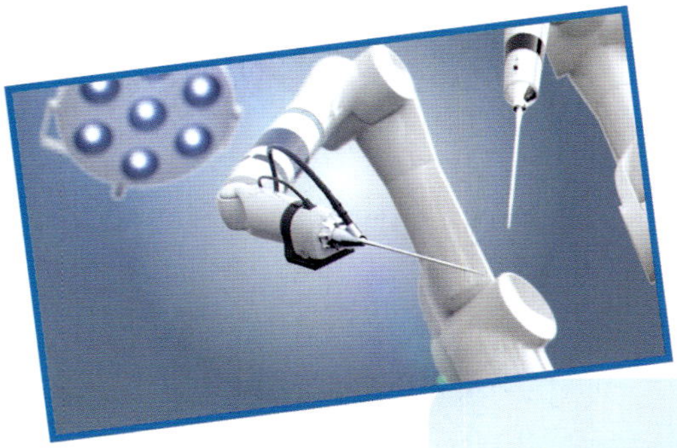

Chirurgischer Roboter

Spezialisten anderer Art

In vielen dieser spezialisierten Bereiche haben Roboter menschliche Arbeit ersetzt. So werden in der Medizin verschiedene Operationen, etwa beim Einsetzen neuer Hüftgelenke, von ihnen durchgeführt. In der Industrie, insbesondere in der Autoindustrie, haben sie in einigen Bereichen der Produktion den Menschen bereits vollständig abgelöst. Foto- und Videokameras sind heute in der Lage, selbst die passenden Bildeinstellungen und Korrekturen zu wählen. Andere Beispiele sind die Suchmaschinen im Internet oder die Spracherkennungssysteme in Smartphones und anderen Geräten. Bis zu einem denkenden Computer oder einem völlig unabhängig handelnden Roboter ist es noch ein weiter Weg. Doch sie sind mittlerweile lernfähig und können bereits aus einer Reihe von Handlungsalternativen auswählen.

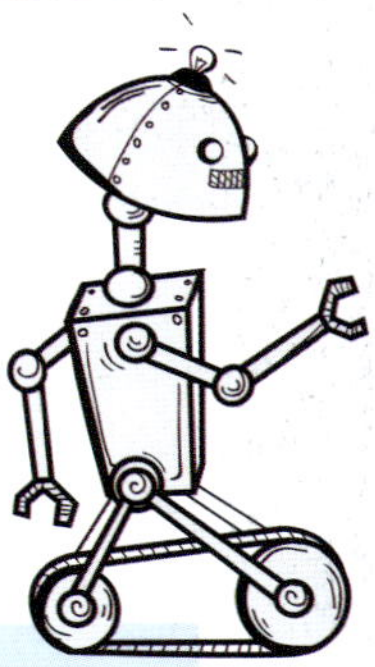

Was man über künstliche Intelligenz noch wissen muss:

- Die Weltraumforschung ist ein wichtiger Antrieb für die Entwicklung künstlicher Intelligenz. Die Erforschung immer weiter entfernter Planeten lässt sich mit Robotern wesentlich einfacher durchführen: Menschliches Leben würde nicht aufs Spiel gesetzt und zudem sind Roboter gegenüber Umwelteinflüssen unempfindlicher.
- Das autonome Fahren, z.B. von Zügen oder Autos ohne menschlichen Fahrer, ist ein wichtiges Forschungsgebiet in der künstlichen Intelligenz. Ziel ist ein fehler- und folglich unfallfreies Fahren.

Roboter-Arm

20. und 21. Jahrhundert

Postmoderne

Atombombenabwurf
(1945)

Am 6. und 9. August 1945 warfen die US-Streitkräfte über den japanischen Städten Hiroshima und Nagasaki zwei Atombomben ab. Sie sollten den Krieg mit Japan rasch beenden. Die Folgen der Atombombenexplosionen für die Bewohner der Städte waren schrecklich. Hunderttausende Menschen starben. Hiroshima und Nagasaki gelten seitdem als Symbol für die Schrecken eines Atomkriegs.

- 1903 – Frauenrechte/Suffragetten
- 1905/1916 – Relativitätstheorie
- 1914–1918 – Erster Weltkrieg
- 1918–1933 – Weimarer Republik
- 1939–1945 – Zweiter Weltkrieg
- 1949

1900 – 1920 – 1940

- 1902 – Erster Flug
- 1917 – Oktoberrevolution
- 1926 – Der erste Fernseher
- 1933–1945 – Drittes Reich
- 1957

Erster Flug

Mit der Entwicklung und der Verbesserung des Verbrennungsmotors gegen Ende des 19. Jahrhunderts ergaben sich für den Bau von Fluggeräten neue Möglichkeiten. Es war wahrscheinlich der Deutschamerikaner Gustav Weißkopf (1874 bis 1924), dem bereits 1901 der erste Motorflug glückte – es gibt dafür jedoch keine eindeutigen Belege. Deshalb gilt der dokumentierte Flugtest der Brüder Wilbur (1867–1912) und Orville (1871–1848) Wright von 1903 als erster Motorflug.

Der erste Fernseher

Der schottische Erfinder John Logie Baird (1888–1946) zeigte 1926 vor Publikum das erste funktionierende Fernsehgerät. 1928 gelang Baird auch die Übertragung eines Fernsehbildes über den Atlantik von Großbritannien in die USA. Im selben Jahr testete er erfolgreich die Übertragung farbiger Fernsehbilder. Doch der Siegeszug des Fernsehgeräts begann erst nach Ende des Zweiten Weltkriegs.

Gründung der Volksrepublik China

Am 1. Oktober 1949 wurde die Volksrepublik China gegründet. An der Spitze des Staates stand die Kommunistische Partei, die für sich die alleinige Macht im Staat beanspruchte. Alle landwirtschaftlichen und industriellen Betriebe wurden verstaatlicht. Wirtschaftliche Reformen vor allem in den 1980er-Jahren ebneten den Weg für einen rasanten wirtschaftlichen Aufstieg. Mittlerweile ist China eine der weltweit führenden Wirtschaftsnationen.

Internet – ab 1970

Fall der Mauer/ Ende des Kommunismus – 1989/1990

9/11 – 2001

Erster farbiger US-amerikanischer Präsident – 2008

1960 – 1980 – 2000 – 2020

Gründung der Europäischen Gemeinschaft

Atomkatastrophe von Tschernobyl – 1986

2002

#MeToo – 2017

Einführung des Euro

Am 1. Januar 2002 führten zunächst die Bundesrepublik Deutschland und elf weitere Staaten der Europäischen Union (EU) den Euro als Bargeld ein. Mittlerweile sind es sogar 19 Länder geworden. Für den Alltag der Menschen hat die gemeinsame Währung viele Vorteile: europaweite Vergleichbarkeit von Preisen, kein Umtausch, keine Wechselgebühren.

Die Mondlandung
(1969)

Am 20. Juli 1969 betrat der amerikanische Astronaut Neil Armstrong (1930–2012) als erster Mensch den Mond. Der zweite war der Astronaut Buzz Aldrin (*1930). Bis 1972 folgten noch weitere Mondlandungen der USA. Seitdem hat keine Nation mehr eine bemannte Mondlandung versucht. Mittlerweile planen aber China und die USA, erneut zum Mond zu fliegen. Auch über eine Landung auf dem Mars wird nachgedacht.

Bildnachweis:

Umschlag: Getty Images / Arkadivna, Helen_Field, kay_mosk, mactrunk, Natalie_, topform84
Innenteil: picture alliance / abaca, akg, akg-images, akg-images / Museum Kalkriese, AP Images, AP Photo, AP/Invision, Arco Images GmbH, arkivi, Artcolor, Bildagentur-online, blickwinkel, dpa, dpa – Bildarchiv, dpa – Report, empics, Everett Collection, foodcollection, Heritage Images, imageBROKER, Leemage, Liszt Collection, Mary Evans Picture Library, NurPhoto, Photoshot, picture alliance, prismaarchivo, REUTERS, Shi Tingyi/Imaginechina/dpa, Sueddeutsche Zeitung Photo, ullstein bild, Ulrich Baumgarten, United Archives/DEA PICTURE LIBRARY, United Archives/WHA, Westend61, ZUMA Press
© stock.adobe.com: afe207 , aleks49011, aleksandrsb, AndyKay, antpkr, Archivist, Bumann, bygimmy, ChiccoDodiFC , Cinar, curto, Daan, dkimages, Dmitry, Ellie Nator, elnavegante, Erica Guilane-Nachez, Erik, feaspb, Franz Gerhard, gerna, HeGraDe, hooyah808, IRINA, janvier, Juulijs, Kletr, klss777, kmls, Korn V., lexan, LiliGraphie, Lunstream, Iznogood, M.Dörr & M.Frommherz, macrovector, Manuel Schönfeld, mariana_designer, Morphart, nikchala, nspooner, Oleksandr Babich, Oligo, patrick o leary, Paul, phiseksit, PRILL Mediendesign, radzonimo, Raimundas, robu_s, sarawut795, saumhuhn, Secunda-Vista, Sergiy Bykhunenko, Shariff Che'Lah, Spiroview Inc., thawornnurak, thingamajiggs, Tom, TOMO00, Udo Bojahr, Yaroslav
Shutterstock.com / Shayne T Wright, pryzmat, Orange.dsg, mountainpix, Morphart Creation, Marzolino, Lestertair, Krasovski Dmitri, Jose Ignacio Soto, Heather_insane, Glynnis Jones, Everett Historical, David Herraez Calzada, Christian Delbert, Brigida Soriano
Getty Images / „Gudella“, agustavop, akova, Aleksandr_Gromov, AlexLMX, alice-photo, Alxyzt, Aly Nazerali Visual Storyteller, Andrey_Kuzmin, Andrii-Oliinyk, andylid, angkhan, Antonel, antoniotruzzi, aphotostory, archy13, ariusz, Arndt_Vladimir, Art_rich, Artem_Egorov, artisteer, Artur Bogacki, asajdler, Atypeek, Banet12, Batareykin, BlackAperture, bogonet, BOLDG, borgogniels, btgbtg, bwzenith, CAHKT, Cannasue, cbies, channarongsds, chereshneva, chloecconway, Chris Lyon, claudiodivizia, clu, Coquinho, cosmln, CreVis2, daboost, dagasansener, daseugen, DE AGOSTINI PICTURE LIBRARY / Kontributor, Delpixart, Denes Farkas, DEVASHISH_RAWAT, diegograndi, diepre, Dion Lefeldt Rezaei, DisobeyArt, dja65, Don Mennig, Dorling Kindersley, Dr_Microbe, DutchScenery, dzika_mrowka, EcoPic, Ekaterina_Lin, Elen11, Elena-studio, elxeneize, erandalx, eugenesergeev, Ex., FancyTapis, filipefrazao, fmatte, FPG, frentusha, frikota, fuchs-photography, gameover2012, Garsya, GeorgiosArt, giovannibussu, Gleti, GlobalP, golibtolibov, gorodenkoff, Grafner, grandeduc, Grassetto, haizon, harmpeti, Havana1234, hayatikayhan, Heiko119, Hemera Technologies, hohl, Hung_Chung_Chih, hxdbzxy, i3D_VR, Ian Dyball, icholakov, IG_Royal, ipopba, Ivan Mattioli, IvelinRadkov, Janny2, Jan-Schneckenhaus, javarman3, JelenaAloskina, Jezperklauzen, johan10, John_Kepchar, jonnysek, Jorisvo, Jose A. Bernat Bacete, joxxxxjo, J-Picture, Julia August, jumabufu, Kagenmi, KeithBinns, kemie, Kharchenko_irina7, Kirkikis, kivandam, ksana-gribakina, ktsimage, Kwangmoozaa, kzenon, lemonadeserenade, levkr, lightandmotion, lilly3, LindaMarieB, littleclie, littleny, Loic Seigland, luchschen, LuVo, ma_rish, MahirAtes, Maisna, MarcoCavina, marekuliasz, Mariha-kitchen, Mario_Hoppmann, Matriyoshka, medesulda, Medioimages/Photodisc, Meinzahn, michelangeloop, mihaperosa, mikdam, MikeFuchslocher, MileA, Mintr, mizoula, mofles, mouu007, MR1805, Naked King, nantonov, Nastco, Nerthuz, nevarpp, Nick Hewetson, NicoElNino, nicoolay, nodostudio, oknebulog, okskaz, Oleksii Hlembotskyi, OlgaCanals, olindana, olmozott98, onairda, oska25, -oxygen-, PanosKarapanagiotis, paperteacup, Paul Hein, PaulCullenPhotography, Peter Dennis, PeterHermesFurian, PhonlamaiPhoto, Photodynamic, Photoman195, Photopa1, Photos.com, Photosensia, Picsfive, PicturePartners, pigphoto, piksells, Piotrekswat, popovaphoto, puflic_senior, Purestock, qingwa, Quarta_, R_Litewriter, raksybH, Ralf Geithe, ramzihachicho, Rex_Wholster, RFStock, rglinsky, RichLegg, Ricpe, Roger Driscoll, Rolphus, RomoloTavani, RonTech2000, Rost-9D, Rostislav_Sedlacek, Rupert Weidemann, Ruslan Danyliuk, saiko3p, salajean, Saracin, sborisov, scisettialfio, sedmak, serazetdinov, serge-75, Sergio Momo, SerrNovik, ShaharKlein, Shelly Still, Shivendu Jauhari, siartmailru, Silberkorn, sinonimas, softdelusion, Sonya_illustration, stockmorrison, stormwatch153, suman bhaumik, Susan Vineyard, swisshippo, Syldavia, Tanarch, tantawat, tashka2000, TGG, thegreekphotoholic, Thomas-canon, Thomas-Soellner, TimAbbott, TomasSereda, tony4urban, TonyBaggett, Travel and Still life photography, travellinglight, TuiPhotoengineer, Tunatura, UltraONEs, undefined, undefined undefined, Usagi-D, Vadim Zhakupov, ValentynVolkov, VanderWolf-Images, Vankherson, venimo, View Stock, ViewApart, Vitalily73, Vladislav Zolotov, VvoeVale, williamhc, winterling, withgod, WitR, Wlad74, Woodstock, WTolenaars, Xurzon, ymgerman, Yoeml, Zukvosten
Science Museum London / Science and Society Picture Library - Laennec's stethoscope, c 1820.Uploaded by Mrjohncummings, CC BY-SA 2.0, https://commons.wikimedia.org/w/index.php?curid=28024289

In einigen Fällen war es leider nicht möglich, für den Abdruck der Bilder die Rechteinhaber zu ermitteln. Der Verlag entschuldigt sich für eventuelle Versäumnisse und wird gegebenenfalls Korrekturen in zukünftigen Auflagen vornehmen

Friedrichstraße 9, 80801 München

Außenlektorat: Petra Bachmann / Avalon Koeppl
Satz: Daniela Schulz
Layout und Cover: Grafisches Atelier arsEdition
978-3-8458-3192-3
www.arsedition.de

FSC www.fsc.org
MIX
Papier aus verantwortungsvollen Quellen
FSC® C002795